EDITION PRAKTISCHES WISSEN

» Wer bereit ist, die Küste hinter sich zu lassen,

wird neue Ozeane entdecken. «

In Anlehnung an ein Zitat,
das Magellan zugeschrieben wird.

Henning Marx

Was ist Religion?

Machtinstrument
oder
Weg zur Menschwerdung

Inhaltsverzeichnis

Inhaltsverzeichnis

Vorwort

Dem eigentlichen Vorwort möchte ich folgendes Bild voranstellen: Sie sind in den Bergen. Im Tal herrscht dichtester Frühnebel. Es ist nasskalt und von der schönen Natur ist nichts zu sehen. Gut ausgerüstet brechen Sie zu einer Tagestour auf einen der zahlreichen Berggipfel auf, der über dem dichten Nebel im warmen Sonnenschein liegt. Dort oben können Sie endlich ein hinreißendes Panorama genießen, während Sie spüren, wie die Sonne Sie trotz der Höhe angenehm wärmt. Sie haben später verschiedene Möglichkeiten über diesen Tag zu berichten. Erstens können Sie betonen, wie düster und feucht es im Tal gewesen ist. Nur mit einem kurzen Hinweis gehen Sie schließlich auf Ihr beglückendes Gipfelerlebnis ein. In diesem Bericht gibt es wenig, das polarisiert. Überwiegend teilt man Ihre Ansicht, wie unangenehm eine derartige Wetterlage ist. Zweitens können Sie ausführlich das Gipfelerlebnis beschreiben. Mehr oder weniger deutlich geäußerte Begeisterung ist Ihnen garantiert, weil sich Ihre Zuhörerschaft an der skizzierten Schönheit der Natur erfreut. Drittens können Sie den Aufstieg in den Mittelpunkt Ihrer Erzählung stellen. Dabei betrachten Sie auch das eine oder andere Teil Ihrer Ausrüstung eingehender. Da Sie sich als Purist fühlen, verwenden Sie inzwischen wieder einen traditionellen Rucksack aus Leder. Einige in Ihrer Runde verstehen das, während andere das für Unfug halten, weil die modernen Hightech-Rucksäcke mit Hüft- und Brustgurt den

Schwerpunkt besser an den Körper bringen. Ein Für und Wider in der Argumentation führt zu auseinandergehenden Meinungen. Letztlich hat die Beschreibung polarisiert, obwohl Sie niemanden von Ihrer Vorliebe überzeugen wollten. Kommt noch jemand hinzu, der darauf hinweist, dass moderne Rucksäcke längst nicht optimal sind, ergo verbessert werden können, erntet dieser vielleicht zunächst nur ein Stirnrunzeln. Bei genauer Betrachtung zeigt sich aber, dass die ursprünglichen, trichterförmigen Tragekörbe bspw. der Nepalesen eine noch optimalere Lage des Gewichtsschwerpunkts aufweisen. Abwertender Spott, einfache Verblüffung oder neugieriges Interesse wären als Reaktionen denkbar. Ihre Zuhörerschaft ist endgültig uneins, obwohl Sie lediglich von einem Tagesausflug erzählt haben. Behalten Sie daher im Hinterkopf, dass das Buch im übertragenen Sinn von dem ganzen Tag handelt, und lassen Sie uns zum Vorwort kommen:

Zunächst sei angemerkt, dass die überwiegende Verwendung von Begriffen aus dem christlich-religiösen Kontext lediglich der sprachlichen Vereinfachung dient, die frei von jeglicher Wertung hinsichtlich verschiedener Religionsgemeinschaften ist. Ich bin mir der sachlichen Problematik sehr wohl bewusst. Dennoch soll der Begriff »Kirche« im Folgenden auch stellvertretend für jegliche religiöse Institution sowie für andere Formen religiöser Versammlungsorte wie Moscheen, Tempel, Synagogen oder sonstige Stätten stehen. Die Hinweise auf Inhalte der christlichen Bibel zeigen zum einen auf, wie sich durch Interpretation von Texten auffällige Unterschiede in deren

Bedeutung ergeben. Insofern sind diese Besprechungen auch exemplarisch für Schriften anderer Religionen aufzufassen. Es muss jedoch der Leserin bzw. dem Leser überlassen bleiben, hierzu parallele Betrachtungen anzustellen. Zum anderen findet sich die eine oder andere biblische Aussage, die aufgrund ihrer Allgemeingültigkeit ohnehin repräsentativ für das Anliegen aller Religionen stehen kann. Diese nicht differenzierende Sicht rechtfertigt sich, weil sich das Buch mit dem beschäftigt, was Religion im *Kern* bedeutet und damit *praktisch* ausmacht.

Im Folgenden werden daher nur an wenigen Stellen spezifische Merkmale oder Annahmen verschiedener Religionen beschreibend oder vergleichend herangezogen. Diese Art der Darstellung richtet sich auf ein Theoriegebäude und abstrahiert letztlich von der einzelnen Person. Diesbezüglich gibt es zahlreiche gute Bücher, die sich mehr oder weniger wissenschaftlich dem Thema widmen. Meine Intention ist es hingegen, die Betrachtung von dem Begriff »Religion« ausgehend quasi nach innen zu führen und ein Verständnis auf der praktischen Bedeutung für den Menschen aufzubauen. Damit verfolge ich zwei Ziele. Das Hauptanliegen liegt darin, über diese Sicht die *konkreten* Bedingungen und Ausgestaltungen religiöser *Praxis* leicht nachvollziehbar herauszuarbeiten. Dadurch findet Religion augenblicklich nicht mehr in einem luftleeren Raum statt, dem ein greifbarer Bezug zum Menschen im Alltag fehlt. Gerade der Eindruck alltagspraktischer Unwirksamkeit führte jedoch mit dazu, dass Religion für die meisten der von den Eltern vorgeschriebene Kirchgang in der Kindheit blieb, der zudem immer weniger Resonanz erfährt.

Diese Entwicklung hat sehr unterschiedliche Ursachen, die zum begleitenden Anliegen im Rahmen der Betrachtung führen. An verschiedenen Stellen geht es somit auch darum, über eine kritische Auseinandersetzung mit den entsprechenden Gründen herauszufinden, ob die vorgebrachten Argumente überzeugen müssen oder können. In dieser Hinsicht wiegt sicherlich schwer, dass viele Menschen die Institution Kirche und Religion gleichsetzen. Folglich treffen die Verfehlungen im Einflussbereich religiöser Institutionen die Religion an sich, und es ist nur noch ein kleiner Schritt, Religion als reines Machtinstrument zu empfinden. Doch ganz so einfach kann es nicht sein, wenn man bspw. bedenkt, wie selbstlos viele Ordensleute den Menschen an vielen Orten dienen.

Religion lediglich als Machtinstrument zu betrachten, wird durch einen weiteren Faktor begünstigt. Innerhalb der Kirche wurden über Jahrhunderte Erkenntnisse des wissenschaftlichen Fortschritts geleugnet. Während es ihr auf der einen Seite nicht gelungen ist, fundamentales Wissen verständlich zu vermitteln, bewiesen die Naturwissenschaften auf der anderen Seite die objektive Fehlerhaftigkeit von Vorstellungen über physische Sachverhalte. Auch diesem Punkt wird sich das Buch folglich stellen müssen. Dabei stehen insbesondere Argumente anderer Disziplinen im Fokus, die sich mit dem Menschen und seinem Verhalten befassen. Während das Ergebnis auf den ersten Blick festzustehen scheint, erweitert ein zweiter Blick die Perspektive, die keine Ressentiments, sondern eine sich stimmig ergänzende Sicht schaffen will.

Grundsätzlich wurde dem roten Faden Vorrang eingeräumt, der sich stetig fortentwickelt. Nur an wenigen Stellen wiederholt sich im Interesse des Leseflusses eine Information, um dem Leser ein Zurückblättern zu ersparen. Insgesamt hätte den meisten Kapiteln deutlich mehr Raum zugestanden werden können. Einerseits wäre es in diesem Fall vielleicht einfacher gewesen, die überwiegend ungewohnten Begriffe noch schärfer zu trennen. Andererseits wurde eine ausufernde Darstellung vermieden, um nicht von der praktischen Ausrichtung der Thematik wegzuführen. Dennoch ist das Buch ausführlich genug, um eine oberflächliche Betrachtung des Themas »Religion« zu überwinden, aufgrund derer zunehmend mehr Menschen daran zweifeln, ob diesen und anderen Formen der religiösen Praxis überhaupt ein Weg zur Menschwerdung inhärent ist.

Mitbringen sollte die Leserin bzw. der Leser ein gesundes Maß an Neugier sowie die Bereitschaft, sich unvoreingenommen auf eine Sichtweise einzulassen, die zunächst fremd erscheint, weil sie den aktuellen, allgemein anerkannten Konsens erweitert. Das beinhaltet auch, sehr genau zu lesen, um nicht Inhalte in den Text hineinzuinterpretieren, die dort nicht formuliert sind. Den Leserinnen und Lesern* sollten zudem stets zwei Aspekte bewusst bleiben. Auch wenn anfangs ein vielleicht nicht so einfach greifbares »Ziel« herausgearbeitet wird, kommt es vor allem auf die eigenen Bemühungen zu einer *Annäherung* an, selbst wenn diese nur gering erscheinen. Daraus folgt unmittelbar, dass auch eher theoretische Inhalte erst in ihrer praktischen Relevanz wahrhafte Bedeutung entfalten. Bei der Beantwortung der Frage »Was ist Religion?« bietet bereits die Betrachtung des zunächst abstrakt wirkenden Begriffs »Religion« einen ersten, im Ergebnis sehr praktischen Hinweis.

* Wenn im Text ansonsten die kürzeste Form verwendet wird, geschieht das ausschließlich aus Gründen der Lesbarkeit. Ich bitte für diese Entscheidung um Ihr Verständnis und versichere jeder Person meinen vollen Respekt.

1 Religion in einem Satz

Der Begriff »Religion« leitet sich von dem lateinischen Wort »religare« ab. Im Allgemeinen wird dieser Begriff als »sich mit seinem Ursprung rückverbinden« übersetzt. Bereits an diesem Punkt gilt es eine zunächst unüberbrückbar scheinende Hürde zu nehmen: die Frage nach dem individuellen Ursprung. Der naturwissenschaftliche Konsens seit der Aufklärung bezieht sich auf ein materialistisches Welt- und Menschenbild. Dementsprechend wird der Mensch durch die Eltern gezeugt, indem sich Samen- und Eizelle verbinden und auf diese Weise eine Reihe von Zellteilungen initiieren. Im weiteren Verlauf wächst ein Nachkomme heran, der infolge zunehmender Vernetzung von Hirnzellen ein Eigenbewusstsein entwickelt. Aus dieser Sicht ist die Frage nach dem Ursprung überflüssig, weil der in der Regel bekannt ist. Damit die dem Religionsbegriff innewohnende Aufforderung einen Sinn ergibt, müsste der eigene Ursprung anderweitig zu finden sein; eine Option, die eine naturwissenschaftlich-materialistische Weltsicht scheinbar nicht zulässt.

Richtig ist sicherlich, dass die Naturwissenschaften im weitesten Sinne greifbare Objekte und Prozesse zutreffend erklären bzw. modellieren. An dieser Stelle zeigt sich besonders deutlich, dass die Institution Kirche – nicht die Religion! – das in sie gesetzte Vertrauen, den Menschen Wahrheit zu vermitteln, leichtfertig verspielt hat. Sie entschied sich lange Zeit, naturwissenschaftliche Erkenntnisse zu leugnen, weil sie ihren Alleindeutungsanspruch zur Erklärung der Existenz nicht aufgeben wollte. Dennoch sind auch die Disziplinen der (angewandten) Naturwissenschaften mehr oder weniger anfällig dafür, ihren Wissensstand zu überschätzen. Noch in den siebziger Jahren des letzten Jahrhunderts wurden bei schmerzhaften Eingriffen an Säuglingen keine Anästhetika eingesetzt, weil man davon ausgegangen war, eine Schmerzempfindung entstehe erst mit der Entwicklung des Eigenbewusstseins. Dies soll als schmerzhaftes Beispiel dafür gelten, dass es auch innerhalb der naturwissenschaftlich geprägten Disziplinen bis in die heutige Zeit immer wieder zu Fehlannahmen kommt. Diese können durch falsche Schlussfolgerungen bedingt sein. Daneben tragen aber auch eingeschränkte Mess- sowie Untersuchungsmethoden dazu bei. Mit diesen ist es nicht möglich, wichtige Parameter aufzudecken und/oder überhaupt in bisher unberücksichtigte Richtungen zu forschen. Eine Wissenserweiterung unterbleibt jedoch nicht nur, wenn objektiv gegebene Umstände das verhindern. Kritischer ist zu betrachten, sobald Thesen oder spezifisches Wissen ohne weitere Überprüfung lediglich über vermeintlich objektive Plausibilitätsurteile verworfen werden. Plausibilitätsurteile entstehen, indem der bisherige Wissensstand als endgültige Wahrheit unterstellt und jegliche These ausschließlich an einem Modell geprüft wird, das sich aus dem bisherigen Stand der Erkenntnis ableitet. Zum einen wird in diesen Fällen die Möglichkeit aufgegeben, über eine Verbesserung von Untersuchungsmethoden weitergehende Informationen zu gewinnen. Zum anderen werden auf diese Weise Untersuchungsgegenstände mit Vorstellungen beurteilt, die nicht geeignet sind, deren Spezifika gerecht zu werden. Wissenschaftlich korrekt kann bis dahin jedoch nur festgestellt werden, diesbezüglich keine endgültige Aussage treffen zu können. Längere Zeit wurde bspw. angenommen, die Newton´schen Gesetze würden auch im Weltraum gelten. Als Prüfmodell hätten sie in diesem Bereich versagt, wie erst Einsteins Relativitätstheorie zeigte. Analog wäre folglich durchaus denkbar, dass die Naturwissenschaften zwar viele Aspekte der Existenz weitgehend gut oder immer zutreffender beschreiben, aber eben nicht alle.

Einen Hinweis in dieser Richtung liefert ein von Bieri formuliertes Trilemma, in dem immer zwei der Aussagen im Widerspruch zur dritten stehen: (I) Mentales Geschehen ist nicht-physisches Geschehen. (II) Mentales Geschehen ist im Bereich physischen Geschehens kausal wirksam. (III) Der Bereich des physischen Geschehens ist kausal geschlossen. Letzteres stellt eine Voraussetzung für die Naturwissenschaften dar. Inzwischen ist es jedoch akzeptiertes Wissen, dass mentales Geschehen Einfluss auf die Gesundheit nimmt. Im Rahmen der psychosomatischen Medizin zeigt sich, wie die Psyche, in der nach heutiger Auffassung mentale Prozesse inkorporiert sind, auf den Körper einwirkt und physische Läsionen verursachen kann. Das wäre im Rahmen einer rein materialistischen Weltsicht nicht möglich und wurde infolgedessen lange Zeit von vielen Medizinern anderer Fachrichtungen verworfen. Speziell unter diesen existieren erhebliche Vorbehalte gegenüber Aussagen zum Menschen, die dem universitär vermittelten Menschenbild zu widersprechen scheinen. Dennoch müssen regelmäßig aufgrund neuerer Studien bis dahin als unumstößlich betrachtete Tatsachen teilweise auch radikal verworfen werden.

Einen grundlegend anderen Umgang mit Wissen pflegen Physiker, insbesondere Astro- und Quantenphysiker. Ihre Erklärungsmodelle der Existenz und *jede* in sich schlüssige Theorie gelten bis zu ihrer Falsifizierung als zulässige Annahmen, die nicht mit einem einfachen »Das kann überhaupt nicht sein!« vom Tisch gewischt werden. Auf diese Weise werden eine einseitige Ausrichtung der Forschung sowie eine dadurch bedingte Pfadabhängigkeit hinsichtlich Versuchsaufbauten und Methodenentwicklungen verhindert. Nur so kann sichergestellt werden, in vielen Richtungen über den aktuellen Stand hinausgehendes Wissen und neue Erkenntnisse zu gewinnen, solange sich aus den bereits zur Verfügung stehenden Informationen kein *vollständiges* Erklärungsmodell ableiten lässt. Diese Offenheit sollte nicht nur für die Erforschung des Kosmos gelten, sondern auch für die des Menschen.

Für die Frage nach dem Ursprung bedeutet dies, dass zumindest die wissenschaftlich nicht falsifizierte Möglichkeit eines solchen besteht, der im nicht-materiellen oder zumindest *nicht in dem bisher untersuchbaren* materiellen Bereich liegt. Damit wird die Bestimmung des Ursprungs über eine ganzheitliche Perspektive ausgeweitet. »Ganzheitlich« ist ein Begriff, der häufig auch in unpassenden

Kontexten genutzt wird, so dass er für viele mit Vorbehalten belegt ist. Dahinter verbirgt sich jedoch bei genauerem Hinschauen eine fundamentale Erkenntnis, die mit den Ergebnissen aktueller naturwissenschaftlicher Forschung durchaus im Einklang steht. Aus holonistischer Perspektive wird die eigenständige Bedeutung der Teile berücksichtigt und eine Gleichwertigkeit von Teilen und Ganzem angenommen (anders als in dem bekannteren Holismus). Jedes Holon bildet somit ein Teil-Ganzes. Je nach Betrachtungsebene stellt ein bestimmtes Holon ein integratives Ganzes oder ein differenziertes Teil dar. Ein menschliches Organ wie die Leber ist ein integratives Ganzes, das die kleineren Holone der Zellen zu einer funktionierenden Einheit verbindet. Gleichzeitig ist sie aber auch ein differenzierter Teil des Gesamtorganismus. Sie ist diesem gleichwertig, weil der Gesamtorganismus als übergeordnetes Holon ohne die Leber nicht lebensfähig ist, wie auch diese nur innerhalb des übergeordneten Holons existieren kann.

Der grundsätzliche Aufbau eines Holons zeigt eine äußere, objektive, *physische* sowie eine innere, subjektive, *subtile* Seite. Die subtile Seite umfasst Aspekte wie Wahrnehmung und Bewusstsein, während die physische sich auf Ausdehnung und Form bezieht. Hinsichtlich der Ausgestaltung der physischen Seite des Holons »Mensch« besteht weitgehend ein Konsens, der darauf basiert, dass Erkenntnis durch mehr oder weniger unmittelbare Anschauung entsteht bzw. abgesichert werden kann. Das heißt, die Beweisführung lässt sich mit verhältnismäßig wenig Aufwand reproduzieren. Anders sieht es hinsichtlich der subtilen Seite aus, die sich ihrer Art nach der direkten Betrachtung entzieht. Gemäß Harbhajan Singh, bekannt als Yogi Bhajan, verfügt der Mensch neben dem physischen Körper auf der subtilen Seite über neun weitere Energiekörper, die bei einer *einfachen* äußeren Betrachtung naturgemäß verborgen bleiben. Einen dieser funktional eigenständigen Energiekörper bildet die Seele, das innerste, unsterbliche Zentrum des Menschen, das die nie gelöste Verbindung zu allem raum- und zeitlos existierenden Sein darstellt. Daraus folgt, dass die Seele als innerer individueller Ursprung des Menschen angesehen werden kann, der den meisten Menschen weitgehend unbekannt erscheint, in der Regel sogar in seiner realen Existenz geleugnet wird.

Im ersten Anschein könnte man vor diesem Hintergrund versucht sein, gemäß dem allgemein üblichen Gebrauch des lateinischen Verbs »religare« ein Rückverbinden mit dem Ursprung, der eigenen Seele, anzunehmen. Doch bleibt dies ungenau, weil ohne einen Kontakt zur Seele Leben im irdischen Dasein nicht möglich ist. Ohne die Seele ist der physische Körper leblos oder anders ausgedrückt: Der Mensch ist tot. Daher ist eine weniger verbreitete Übersetzung des Verbs »religare« als »seinen Ursprung *schauen*« sachlich zutreffender. Im Normalfall verlernt der Mensch im Laufe des Heranwachsens tatsächlich mehr oder weniger stark und früh, die Impulse seiner Seele zu erkennen.

Als Fazit lässt sich formulieren, dass der zunächst abstrakt wirkende Begriff »Religion« bereits einen sehr konkreten Hinweis enthält. Religiöse Praktiken haben das Ziel, den Menschen zu seinem »aus dem Blick geratenen« Ursprung »schauen« zu lassen. Erschwert wird dieses Anliegen nicht nur durch Umstände, die die Kirche selbst verschuldet hat und noch verursacht, sondern auch durch die Tatsache, dass die moderne Psychologie eine andere Sicht der subtilen Seite des Menschen zeichnet. Es ist daher unumgänglich, im nächsten Kapitel zunächst einen genaueren Blick auf Psyche und Seele sowie ihre funktionalen Bezüge im Menschen zu werfen.

2 Seele und Psyche

Betrachtet man heute das Begriffspaar »Seele« und »Psyche«, ohne die historische Entwicklung einzubeziehen, entsteht erst gar kein Problem – oder die Verwirrung nimmt ihren Anfang, weil gemeinhin »Psyche« aus dem Griechischen für »Seele« abgeleitet scheint. Damit wären beide Begriffe kongruent, womit sich der synonyme Gebrauch in jüngeren Strömungen innerhalb der Psychologie erklärt. Ganz so einfach ist es jedoch nicht. Das griechische Wort »psyché« bedeutet »Hauch« und bezeichnet das aus der Erfahrung des Leben spendenden Atems abgeleitete Lebensprinzip, das nach Aristoteles einen Teilaspekt der Seele darstellt. Ganz im Sinne einer holonistischen Sichtweise bildet die Seele den Grund (griech. »arche«) für das Leben des sonst toten Körpers, der »physis« (griech.). Allerdings hat die Seele nach Aristoteles weitere funktionale Anteile. Neben dem Lebensprinzip »psyché« formuliert er die Seele als Bewusstseinsprinzip, zur Abgrenzung »Geist« (griech. »nous«) genannt. Der beseelte Leib steht mit dem Geist in einer Wechselbeziehung, über die der Leib mittels Sinnen (sensorischer Teil der Seele) den Geist affiziert, während dieser den Leib durch Vernunft und Willen lenkt. Es ist daher wichtig, zunächst einmal festzuhalten, dass Psyche und psyché, obwohl nahezu gleich geschrieben, nach Aristoteles nicht identisch sind. Ihm zufolge beschreibt die psyché das Lebensprinzip als *Teilaspekt* der Seele.

Im Rahmen der Aufklärung verlor der Seelenbegriff zusehends an Bedeutung oder wurde der Vernunft widersprechend abgelehnt. Bereits Descartes bricht mit der antiken Vorstellung, Seele bedeute Leben oder die Ursache für Lebensvorgänge gehe von der Seele aus. Alle Vorgänge in einem lebenden Körper seien mechanisch erklärbar. Die wesentliche Eigenschaft der sogenannten Seele sei das Denken. Für Kant war sie nur eine Idee, die nicht exakt definierbar sei, weil sie sich nicht mathematisch berechnen lasse. Freud steigert sich zu der Feststellung, »Seele« sei als Unbegreifliches ein antiwissenschaftlicher Begriff. Mehr und mehr wurde der Begriff »Seele« durch andere Termini wie »Person«, »Ich«, »Selbst« oder »Geist« ersetzt. Ganz hat er sich dennoch nie vertreiben lassen. Freud bspw. formuliert selbst noch, dass der psychische Apparat durch die psychischen Vorgänge definiert werde und das Instrument sei, welches den Seelenleistungen diene. Dennoch klingt hier bereits das Verständnis der modernen Psychologie an, nach dem Seele und Psyche synonym zu betrachten sind und die Seele lediglich ein Konstrukt darstellt, das Einheit bzw. Ganzheit eines Menschen schafft, ihm Identität und Einzigartigkeit verleiht. Grundsätzlich zeigt auch die wissenschaftliche Psychologie eine ausdifferenzierte Sicht der subjektiven Seite, die je nach Vorliebe von seelischen oder eben von psychischen Eigenschaften und Funktionen spricht, die den Menschen konstituieren. Eigenschaften charakterisieren hierbei stabile Verhaltensdispositionen eines Menschen wie »freundlich« oder »intelligent«. Funktionen sind bspw. »Sehen«, »Hören« oder »Denken«. Es liegen demnach zwei Unterschiede zu Aristoteles Verständnis vor: Die Seele als Ursprung des Menschen wird negiert und das Denken weniger deutlich als eigenständiger Teilaspekt derselben betrachtet.

Ganz im Gegensatz dazu hat sich das 2. Vatikanische Konzil augenfällig der von Aristoteles formulierten Sichtweise angeschlossen. Aus dieser Sicht ist der Mensch in Körper und Seele eins. Erst durch seine Geistigkeit übersteigt der Mensch die Gesamtheit der Dinge und dringt in eine geistig-tiefere Struktur der Wirklichkeit vor. Die Seele taucht hier explizit als Entität auf. In einem ersten Reflex könnte man versucht sein, das der Ignoranz gegenüber modernen wissenschaftlichen Erkenntnissen zuzuschreiben, die sich über Jahrhunderte in dieser Institution hielt.

Doch nach einem Moment des Innehaltens kommt Freuds Bemerkung ins Gedächtnis zurück: Die »Seele« sei als Unbegreifliches ein antiwissenschaftlicher Begriff. Bei genauerer Betrachtung fehlt in diesem Zusammenhang jede wissenschaftliche Begründung für seine Annahme. Den Menschen waren viel einfachere Dinge nicht begreiflich und dennoch wurden sie irgendwann verstanden. Kritisch betrachtet kann erst einmal Freud die Seele nicht begreifen. Weil er zudem niemanden kannte, der dazu in der Lage gewesen wäre, verallgemeinerte er sein eigenes Unvermögen. Damit wird letztlich nichts Verlässliches über den Betrachtungsgegenstand »Seele« ausgesagt. Streng genommen formuliert Freud lediglich eine These, die wissenschaftlich zu untersuchen wäre. Aufgrund der Freud zugeschriebenen Kompetenz auf dem Gebiet der Psychologie wird das übersehen. Auch die sich immer mehr auf diesem Feld betätigenden Neurowissenschaftler, die den Begriff »Seele« als obsolet betrachten, weil alles nur aus Materie sein könne, so dass an die Stelle seelisch-geistiger Zustände neuronale Aktivitäten treten müssten, bleiben bisher einen Beweis schuldig, der eindeutig gegen die Existenz einer Seele spricht. Lange Zeit galt ein Versuch von Libet als Beleg dafür, dass kein Raum für den freien Willen bleibe und die Seele unter der Herrschaft des Gehirns stehe. Bereits vor der Bewusstwerdung war bei den Probanden ein Bereitschaftspotenzial für eine Handlung im Gehirn entstanden. Doch Untersuchungen mit einem verbesserten Design haben in jüngerer Zeit gezeigt, dass Versuchsteilnehmer trotz Auftretens eines messbaren Bereitschaftspotenzials in der Lage waren, ihre Handlungen noch zu verändern. Die Negation der Seele lässt sich folglich bisher nur aus der Annahme eines materialistisch-deterministischen Menschenbildes ableiten. Sollte dieses Modell jedoch unvollständig sein, verliert die Negation seine Berechtigung und ist damit im aktuellen Stadium der Forschung grundsätzlich unwissenschaftlich!

Der moderne Mensch neigt dazu, Vorstellungen aus früheren Zeiten leichtfertig abzutun, weil manche Ideen de facto aufgrund mangelnder naturwissenschaftlicher Erkenntnisse falsch waren. Doch es wurde zu jeder Zeit Wissen formuliert, das Zusammenhänge richtig erfasste, auch wenn der wissenschaftliche Beweis erst viel später erbracht wurde. Das hat sich bis in die heutige Zeit nicht verändert. Die Existenz von Gravitationswellen wurde nur

bewiesen, weil Physiker nach Einsteins Annahme Jahrzehnte danach gesucht haben. Einstein war nicht einmal
studierter Physiker. Aber vielleicht lag gerade darin der
Grund, warum er mit einer unbelasteten Sicht Berechnun-
gen durchführen konnte, die den damaligen Kenntnis-
stand überwanden. Nicht selten ist ein Blick von außen bei
der Lösungssuche hilfreich. Deshalb soll an dieser Stelle
der Blick auf Seele und Psyche aus yogischer Perspektive
erfolgen.

Yogi Bhajan gibt ein Verständnis weiter, nach dem die
Seele das reine Bewusstsein, das sehende (nicht wertende)
Selbst bildet, das der Geist, das meinende (wertende)
Selbst, spiegelt und der/das auf diese Weise bewusst erscheint. Weil nach Yogi Bhajan dem Geist neben dem Verstand auch die Bereiche des Un- und Unterbewussten zu-
gerechnet werden, stimmt das, was er als »Geist« bezeichnet, weitgehend mit dem modernen Begriff »Psyche«
überein.

Ohne durch die vom Geist respektive von der Psyche verursachte Abschirmung der Seele wäre diese und damit der
zugehörige Mensch nicht in der Lage, sich als getrenntes
Individuum wahrzunehmen. Gleichzeitig verhindert aber
der nicht geschulte Geist, dass der von der Seele im Verstand angestoßene Gedanke in seiner ursprünglichen
Klarheit und Reinheit erkannt wird, weil er auf seinem Weg
zur Bewusstwerdung quasi einer Verformung unterliegt.
Folgendes Beispiel soll dazu dienen, dies verständlicher zu
machen: Der Anblick eines bedürftigen Kleinkindes löst im

Normalfall einen Akt liebender Hilfe aus. Wird dieser Impuls innerhalb der geistigen Strukturen in extremer Form verändert, unterbleibt diese Reaktion oder kehrt sich sogar in eine schädigende um. Erkennt der Mensch hingegen die Impulse, die in der Seele angestoßen werden, handelt der Mensch mitfühlend in selbstloser Liebe.

Hier zeigt sich ein fundamentaler Unterschied zur Psychologie, der für das Verständnis von Religion besonders bedeutsam ist. Die Psychologie beschreibt, wie Menschen empfinden und sich verhalten können. Davon ausgehend sucht sie nach Lösungen, wie damit umgegangen werden kann, falls es dadurch zu persönlichen oder sozialen Schwierigkeiten kommt. Im Wesentlichen dokumentiert sie, was ist und wie das Ist handhabbar gemacht werden kann, nicht, was darüber hinaus sein könnte. Aufgrund der prinzipiellen Gleichheit sind allen Menschen potenziell auch unvorteilhafte Eigenschaften inne, die sich im Einzelfall je nach den Umständen manifestieren. Während diesbezüglich in der Psychologie keine Wertung erfolgt, dominiert in vielen »religiösen«, aber letztlich nur von Menschen geprägten Darstellungen ein negatives Menschenbild, das den Menschen zunächst einmal als »böse« oder »schlecht«, aber wenigstens doch als unvollkommen betrachtet. Dagegen folgt aus der Perspektive Yogi Bhajans unmittelbar das volle menschliche Potenzial. Er betont das von Natur aus Gute *im* Menschen, die notwendigerweise vorhandene Seele, die in diesem Verständnis mehr ist als ein Lebensprinzip oder gar nur ein erdachtes Konstrukt. Damit beschreibt er zugleich den *internen* Wegweiser, auf den bereits der Begriff »Religion« hinweist und an dem sich der Mensch ausrichten kann.

In dieser Vorstellung bildet die Seele als unendlichem Kern der Existenz die Ebene der Verbundenheit, auf der das Erleben und Verhalten des Menschen durch selbstlose Liebe und Mitgefühl gekennzeichnet ist. Was zunächst zu esoterisch klingen mag, formuliert der Physiker Bohm in wissenschaftlicher Sprache: »Wird berücksichtigt, dass hinter den Erscheinungen der expliziten Ordnung in Form von Lichtwellen innerhalb einer komplexen Bewegung elektromagnetischer und anderer Felder, die alle quantenmechanischen Prinzipien unterliegen, die implizite Ordnung vorliegt, und das gesamte Universum durch die Bewegung der Lichtwellen an jedem Ort eingefaltet ist und über die Betrachtung entfaltet wird, wird der Gedanke plausibel, das Gehirn lediglich als Auswerter von Frequenzen zu betrachten, über den sich das Bewusstsein auf das Dasein in der materiellen Welt einstellt. Daraus folgt, dass sich das Bewusstsein auf verschiedene Ebenen einstimmen kann, wenn die Grenzen des Gehirns aufgehoben bzw. erweitert werden. Verändert der Mensch die Ebene seines Bewusstseins in entsprechender Weise, gelangt er zu einer Ethik des Hingebens und vervollkommnet auf diese Weise sich selbst.« Nichts anderes bedeutet es, wenn Jesus die Menschen auffordert, den Nächsten wie sich selbst zu lieben.

Dieser Gedankengang ist den meisten Menschen nicht einmal sehr fremd, ohne sich dessen bewusst zu sein. Jedes Mal, wenn der Mensch Mitgefühl empfindet, werden Neurone aktiv, die Spiegelneurone genannt werden. Die Bezeichnung folgt dem Umstand, dass diese Neurone feuern, sobald sich ein Mensch in etwas hineinversetzt. Das geschieht zum Beispiel auch dann, wenn jemand beobachtet, wie ein anderer einen Apfel in bestimmter Weise in die Hand nimmt. Er weiß bereits vor der sich fortsetzenden Bewegung, dass der andere gleich in den Apfel beißen wird. Die Aktivität der Spiegelneurone zeigt somit auch an, wenn sich das Bewusstsein von seiner Eigenorientierung hin zu einer verbundenen Sichtweise justiert.

Folgt man Yogi Bhajan, hindert der Geist den Menschen in den meisten Fällen daran, dauerhaft auf der Ebene der Verbundenheit zu verweilen und aus selbstloser Liebe und Mitgefühl zu handeln. Andererseits sind es gerade die Denkleistungen, die der Menschheit den Fortschritt gebracht haben, der bereits in weiten Teilen der Welt für bessere Lebensbedingungen als im Mittelalter gesorgt hat. Auch deshalb wird der Geist gemeinhin als Segen und Kennzeichen des Menschseins betrachtet. Gleichzeitig leiden Menschen in verschiedenen Erscheinungsformen darunter, dass der Geist ihnen den Blick auf ihre Seele, ihren Ursprung, verstellt, in dem sie in Vertrauen ruhen könnten. Diese Diskrepanz verlangt nach einer eingehenden Auseinandersetzung mit dem Geist, bei dem es sich eher um ein zweischneidiges Geschenk der Schöpfung zu handeln scheint.

3 Den Geist heiligen

Aus dem bisher Dargelegten folgt unmittelbar der zweite praktische Hinweis, der sich aus der Betrachtung von Religion ergibt. Wenn es der Geist ist, der den Menschen daran hindert, dauerhaft auf seinen Ursprung zu schauen, sich auf der Ebene der Verbundenheit zu bewegen, muss dieser in die Lage versetzt werden, die Impulse der Seele korrekt in wahrnehmbare Gedanken zu übersetzen. Stark vereinfacht formuliert setzt das auf einer übergeordneten Ebene voraus, den negativen (Anteil des) Geist(es), der Risiken abwägt, mit dem positiven, der Chancen sieht, und dem neutralen, der auf der Basis der anderen beiden Anteile entscheidet, in ein harmonisches Gleichgewicht zu bringen. Das bedeutet, den Geist in seiner Arbeitsweise zu verbessern. Diese Möglichkeit wird von vielen Menschen als undurchführbar verworfen. Hierzu tragen nicht nur die zahlreichen moralischen (sowie eigentlich juristisch relevanten) Verfehlungen kirchlicher Würdenträger bei. Zudem haben sich einige der Methoden wie bspw. das »Positive Denken«, die mit dem Aufkommen der New Age-Bewegung Verbreitung fanden, als unwirksam erwiesen. Genau genommen handelt es sich dabei meist um Versuche, Einzelaspekte sehr komplexer Gesamtsysteme isoliert zu nutzen. Ein solches Vorgehen führt nicht oder nur in sehr begrenzter Weise zu einem guten Ergebnis. Warum das so ist, beantwortet eine genauere Analyse der Funktionsweise des Geistes.

Ein Impuls der Seele wird über den Verstand als Gedanke wahrnehmbar, der seinerseits Gefühle erzeugt, die Grundlage von Wünschen werden und zu einer Handlung führen. Funktioniert der Geist nur unzureichend, stimmt der wahrnehmbare Gedanke nicht mehr mit dem Impuls der Seele überein, so dass die Gefühle, Wünsche und Handlungen von der ursprünglichen Intention der Seele abweichen. Der Mensch kann mittels seines Willens an zwei Stellen in diese Kette eingreifen. Meist geschieht das nach der Entstehung eines Gefühls. Ein weiterer, willentlich im Verstand angestoßener Gedanke, der dem das Gefühl auslösenden Gedanken entgegensteht, ist in der Lage, das Gefühl zu beruhigen oder den Wunsch zu verhindern, gemäß diesem zu handeln. Es gelingt hierdurch immerhin, nicht dem zugrundeliegenden Gedanken verhaftet zu bleiben, das heißt, in gewisser Weise von diesem frei zu sein. Je nachdem wie stark das Ereignis auf den Menschen einwirkt, wie schnell die Situation abläuft und wie die mentale Ausgangslage in der Situation ist, gelingt das mehr oder weniger. Folgendes Beispiel soll das verdeutlichen: Eine Person hat sich vorgenommen, während der Fastenzeit keine Schokolade mehr zu essen, auch um sich insgesamt gesünder zu ernähren. Sie ignoriert im Supermarkt die in den Regalen verlockend dargebotenen Süßigkeiten. Zufrieden über ihre mentale Stärke verlässt sie den Laden. Auf dem Heimweg verursacht sie einen Verkehrsunfall. Der betroffene Verkehrsteilnehmer ist ihr nicht böse und bietet ihr ein Stück Schokolade an, während sie auf die Polizei warten. Sie spürt deutlich, wie ihre mentale Stärke durch den Unfall abgenommen hat, reißt sich aber zusammen und bleibt standhaft, obwohl eine innere Stimme ihr einzuflüstern versucht, ein kleines Stückchen könne doch zum Besserfühlen nicht schaden. Schließlich fährt sie nach Hause, um dort mit eigenen Augen zu sehen, betrogen zu werden. In Tränen aufgelöst erscheint sie bei Freunden und erzählt von ihrem schlimmen Tag. Daraufhin wird zum Trösten neben einer Flasche Rotwein eine Tafel Schokolade auf den Tisch gelegt. Jeder kann aus eigener Erfahrung die Frage beantworten, wie viel davon am Ende übrig geblieben sein wird. Über den Willen war es der schwer mitgenommenen Person nicht mehr möglich, die oben beschriebene Kette zu unterbrechen, so dass sich der Wunsch ungehemmt in einem Frustessen Bahn brechen konnte.

Hier zeigt sich auch, warum nicht wenige Denkschulen zu dem Ergebnis kamen, Gefühle mittels Gedankentätigkeit aus dem Erleben eliminieren zu wollen. Die Stoiker waren bspw. der Meinung, dass Mitgefühl ein Ausdruck weiblicher Schwäche sei, das zu schlechten Entscheidungen führe, und somit zu unterbleiben habe. Erst jüngst erschien ein Buch eines Professors der Psychologie, in dem dieser fordert, Mitgefühl rational zu beschränken. Das widerspricht dem religiösen Auftrag, den Geist für die Impulse der Seele durchlässig zu machen, um sich stets auf der Ebene der Verbundenheit in selbstloser Liebe und Mitgefühl zu verhalten. Um diese Diskrepanz zu verstehen, soll der Ausgangsfall des Professors kurz betrachtet werden. Den Probanden wurde eine Situation vorgelegt, in der ein Kind auf einer Warteliste für ein lebenswichtiges Organ so weit hinten stand, dass es dieses nicht rechtzeitig erhalten würde. Aus Mitgefühl mit dem Kind entschieden Probanden, das Kind auf der Liste nach vorne zu setzen. Daraus zog der Professor den Schluss, dass es das Mitgefühl sei, das zu problematischen Entscheidungen führe, weil das Leid der vor dem Kind Gelisteten bei der Entscheidung der Proanden scheinbar unberücksichtigt blieb. Im ersten Augenblick mag man diese Argumentation für schlüssig erachten. Doch im vorliegenden Fall handelt es sich um »compassion«, der aktiven Form von Mitgefühl, die durch eine Hilfehandlung gekennzeichnet ist. Mitgefühl in seiner passiven Form empfindet lediglich mit einem Leidenden. Dieses Gefühl ist menschlich und in der beschriebenen Situation keineswegs als fehlerhaft zu beanstanden. Das Problem entsteht erst im Rahmen der Lösungssuche für das Kind. Erst hier tritt der Fehler auf und zwar auf folgende Weise: In der Seele wird der Impuls freigesetzt, auch das Leid der anderen Personen auf der Liste zu berücksichtigen. Doch der so angestoßene *Gedanke* erreicht nicht den Verstand des Probanden, der diesem entgegenstehend äußert, das Kind ohne Berücksichtigung der anderen Personen auf der Liste nach vorne zu setzen. Das kann verschiedene Gründe haben. Man kann zu einer Haltung gelangt sein, der zufolge es besonders tragisch sei, wenn Kinder sterben, weil diese im Gegensatz zu Erwachsenen ihr gesamtes Leben noch vor sich haben. Eltern kleiner Kinder mögen in diesem Punkt besonders sensibel sein, weil die Vorstellung an ein frühzeitiges Versterben des eigenen Kindes reflexartig abgelehnt und verdrängt wird. Einige haben vielleicht auch schon ein Kind verloren.

Gemeinsam ist diesen »Motiven« bei der Entscheidungsfindung, dass die mehr oder weniger bewusste Ursache dafür, Impulse der Seele nicht in ihrer Reinheit im Verstand wahrzunehmen, in Erfahrungen liegt, die im Un- sowie Unterbewussten gespeichert sind. Spricht eine Situation Facetten einer gespeicherten Erfahrung an, reichert diese einen aktuellen Gedanken mit der Essenz dieser Erfahrung an. Der in der Seele angestoßene Gedanke verändert sich dadurch umso stärker, je intensiver die Erfahrung mit einem Gefühl verbunden ist, das dieser ihre Kraft verleiht. Um ein Bild zu gebrauchen, ließe sich der Impuls der Seele respektive der angestoßene Gedanke als Metallkugel verstehen, die in ihrem geradlinigen Verlauf von elektromagnetischen Feldern mehr oder weniger stark in eine andere Richtung abgelenkt wird. Am Ende steht eine fehlerhafte Entscheidung. Der Grund liegt jedoch keineswegs in wünschenswertem Mitgefühl, sondern in einem ungeklärten Geist, d.h. in einem manipulierten Denken.

Deshalb ist es in vielen Fällen am Übergang von Gefühl zu Wunsch sehr schwierig, mittels des Willens einzugreifen. Der Mensch bleibt abhängig von den Umständen, die darüber entscheiden, ob und wie erfolgreich ihm das gelingt. So gesehen ist es eine Frage des Zufalls. Das erklärt die Vielzahl von Beispielen, in denen Menschen an den eigenen Zielen scheitern und sogar an sich zu verzweifeln beginnen, weil der Wunsch nach einem Leben in Liebe und Mitgefühl oder doch wenigstens ohne schädliche Aggressionen immer wieder zunichte gemacht wird. Das Leben bleibt dadurch stets anstrengend, weil jederzeit damit gerechnet werden muss, vom eigenen Geist überholt zu werden. Menschen, die bspw. zu Jähzorn neigen, wissen, was das bedeutet. Auch wenn sie sich darum bemühen, Ruhe zu bewahren, überrollt sie je nach den Umständen der nächste Anfall, bevor sie noch eine Chance gehabt haben, diesem auf der Verstandesebene Einhalt zu gebieten.

Leichter wird eine willentliche Intervention erst, wenn es gelingt, an einer anderen Stelle einzugreifen. Das muss geschehen, *bevor* der in der Seele angestoßene Gedanke verändert wird. Nur dann verschwindet die Veränderung des Gedankens aus der unbewussten Funktionsweise des tieferen Geistes. Dazu muss das Gefühl, das der Veränderung des Gedankens aus einer früheren Erfahrung heraus Kraft verleiht, von dem älteren Gedanken getrennt werden. Um im Bild mit der Kugel zu bleiben, verschwindet dadurch die elektromagnetische Anziehungskraft, die die Kugel ablenkt. Das bedeutet, dass der Impuls der Seele als reiner Gedanke wahrgenommen wird. Selbst wenn der im tieferen Geist noch erinnerliche Gedanke später willentlich im Verstand angestoßen wird, fehlt diesem die Kraft, handlungsleitend zu wirken.

Das erklärt zugleich, warum reflektierende Techniken zur Verhaltensänderung oder verkürzte Psycho-Techniken selten oder nicht dauerhaft den gewünschten Erfolg erzielen. Selbstverständlich kann man sich jeden Tag vor den Spiegel stellen und seinem Spiegelbild mitteilen, wie schön oder fröhlich man sich fühlt. Das wird auch im normalen

Tagesablauf eine gewisse Wirkung hervorrufen. Aber wenn die Umstände an Schärfe zunehmen – sei es auch nur durch Termindruck oder Schlafmangel –, bricht das verstandesmäßig aufgebaute Gebäude unter der Last der im Un- sowie Unterbewussten liegenden, mit Gefühlen gekoppelten Erfahrungen zusammen. Erst wenn es gelingt, diesen Erfahrungen ihre emotionale Kraft zu nehmen, die Gedanken rein bleiben, wird es möglich, dauerhaft für die Impulse der Seele durchlässig zu sein.

Meister Eckhart hat das für den christlich-religiösen Kontext folgendermaßen formuliert: »Die Wogen der Seele kommen von Gott, so dass Gottes Geburt in der Seele stattfindet, ohne sich mit dieser zu vereinen.« Die Wogen Gottes bilden den universellen »Heiligen Geist«, rein und klar. Weil Gott den Menschen nach seinem Abbild geschaffen hat, ist es diesem ebenfalls möglich, reinen Geistes zu sein. Dazu muss der Geist geschult werden, um den individualisierten Aspekt des universellen Geistes ebenfalls zu heiligen. Nur auf diese Weise wird der Mensch Gott in sich entdecken und das Leben dauerhaft auf der Ebene der Verbundenheit gestalten.

4 Zwischen Himmel und Hölle

Aus der Ablehnung wissenschaftlicher Erkenntnisse durch die Institution Kirche in Verbindung mit dem Umstand, dass deren Würdenträger in vielen Fällen selbst nicht in der Lage sind, die Regeln für ein heiligendes Leben zu befolgen, entsteht letztlich ein Akzeptanz- und daraus resultierend ein Kommunikationsproblem. Der aufgeklärte Mensch wird nicht mehr erreicht, weil von diesem die verwendete bildhafte Sprache als fortdauernder Beleg für das Festhalten an überholten Vorstellungen gesehen wird. Eines dieser Bilder erzählt davon, dass Gott im Himmel auf die Guten wartet, während die sündigen Bösen in der Hölle enden. Diese Darstellung suggeriert für den Himmel einen Ort, der weit vom Betrachter entfernt liegt. Im letzten Kapitel hat sich jedoch gezeigt, dass der Mensch Gott nur in sich selbst finden kann. Erst wenn die Diskrepanz dieser Aussagen überwunden wird, lässt sich die volle Bedeutung des Religiösen im Sinne eines Zurückschauens auf den Ursprung erkennen.

Hierzu lohnt nochmals ein Blick auf die von Yogi Bhajan vermittelte Sicht auf den Menschen, die weit vor Christi Geburt wurzelt. Oben wurde bereits darauf hingewiesen, dass gemäß seiner Darlegungen zehn Energiekörper (ein physischer und neun subtile) unterschieden werden können. Diese »Körper« sind miteinander verwoben und bilden zusammen die Grundlage der menschlichen Existenz.

Die Schwingungen dieser Energiekörper zeichnen sich jeweils durch eine andere Frequenz aus. Die Seele als reines Bewusstsein stellt den Ausgangspunkt personaler Existenz mit der höchsten Frequenz dar. Dieser Kern wird durch tiefere Frequenzen des Geistes umlagert, die jeder Person die Wahrnehmung getrennter Individualität ermöglichen. Erst die sehr tiefen Frequenzen auf der physischen Ebene erlauben es, in der Welt zu (inter)agieren.

Diese Darstellung lässt sich mit Meister Eckharts Worten verknüpfen. Die Wogen Gottes als Heiliger Geist erreichen die Seele, deren Schwingung somit dieselbe Frequenz aufweist. Das bedeutet, dass die Seele im Sinne eines Teil-Holons eins ist mit Gott, ohne Gott zu sein. Der Blick auf den eigenen Ursprung ist somit zugleich auch immer ein Blick auf den universellen Ursprung. Wenn Gott aber im Himmel ist, ist die Seele gleichermaßen ein Teil davon. So gesehen trägt der Mensch den Himmel immer in sich. Doch wie man durch eine Wolkendecke denselben nicht sehen kann, trennt der ungeklärte Geist den Menschen davon, indem sich unbewusst veränderte Gedanken vor die reinen Impulse der Seele schieben. Das geschieht mehr oder weniger stark in Abhängigkeit von den Erfahrungen, die auf einen Menschen einwirken bzw. durchaus auch bereits vor der Geburt eingewirkt haben. Es handelt sich dabei zum einen um Erfahrungen, die das Ungeborene selbst im Mutterleib gemacht hat, aber zum anderen auch um solche, die in den vorhergehenden Generationen zu Denk- und Verhaltensweisen geführt haben, die unbewusst an das Kind weitergegeben werden. Dieses individuelle Bündel an Erfahrungen bildet den Ausgangspunkt für die Lebenslinie des Kindes, das sich im Zuge der Entwicklung seines Eigenbewusstseins schließlich zunehmend über den wertenden Geist als getrennt wahrnimmt und damit – je nach Ausgangssituation mehr oder weniger schnell und umfassend – aus der Ebene natürlicher Verbundenheit herausfällt. Das ist gemeint, wenn Adam und Eva des Paradieses verwiesen werden, nachdem sie dem Apfel vom Baum der Erkenntnis nicht widerstehen konnten. Diesen Umstand als Erbsünde zu betrachten, bedeutet einen nicht erklärbaren Logikfehler. Weil nach Gottes Absicht der Mensch einen freien Willen bekommen sollte, kann in dem dafür notwendigen Akt der Eigenbewusstwerdung keine Verfehlung liegen. Herausgehoben wird diese Episode, weil sie klarmachen soll, wo die Ursache für das von Menschen empfundene und verursachte Leid liegt. Doch der Mensch könnte durchaus das Paradies auf Erden wiederfinden. Dem steht »lediglich« der wertende Geist entgegen, der den Menschen ständig zu Dingen verführt, die ihn auf seinem Lebensweg immer weiter von seinem Ursprung oder auch nur von seinem Wissen darüber wegführen. Täglich müssen Entscheidungen getroffen werden, die dafür verantwortlich sind, wie die eigene Lebenslinie fortgeführt wird: hin zum oder weg vom eigenen Ursprung. Durch Letzteres verfestigt sich der Eindruck der Unverbundenheit stetig mehr. Begünstigt wird dies in der heutigen Zeit durch die über inzwischen Jahrhunderte gepflegte analytische Zergliederung der Existenz, aufgrund derer eine Wahrnehmung des Getrenntseins kaum noch hinterfragt wird. Letztlich wird der wertende Geist zum

Zentrum des Daseins, dessen Wünsche den Menschen umtreiben und ihn mehr oder weniger unbewusst steuern.

Ist sich der Mensch der Impulse seiner Seele nicht bewusst, führt das zu Gefühlen, Wünschen und Handlungen, die nicht von selbstloser Liebe und Mitgefühl getragen sind. Auf den ersten Blick mag das nur in den Fällen problematisch sein, in denen andere davon betroffen werden. Hingegen scheint es relativ gleichgültig, wenn der Einzelne zornig zu Hause sitzt, sich vor Liebeskummer verzehrt, in einem Anfall von Heißhunger den Kühlschrank leert oder sich bis zum Erbrechen sportlich überfordert. Betrachtet man den Menschen genauer, wird klar, warum diese Annahme zu kurz greift. Yogi Bhajan hat einen der Energiekörper als Prana-Körper beschrieben, in dem Energie auf subatomarer Ebene fließt, die an der Erhaltung des Menschen mitwirkt. Je stärker die Frequenz des Geistes von derjenigen der Seele abweicht, desto quantitativ und qualitativ eingeschränkter findet dieser Prana-Fluss im Körper statt, wodurch es zu Krankheitserscheinungen kommt. Somit sind der Geist sowie die von diesem veranlassten Entscheidungen und verursachten Reaktionen (mit)verantwortlich für den widernatürlichen Verfall eines Menschen.

Folglich sind auch Entscheidungen, die lediglich den Entscheider selbst betreffen, von einem übergeordneten Standpunkt aus gesehen, sündig. Sündhaft handeln bedeutet nichts anderes, als etwas zu tun, von dem man weiß, dass man es nicht tun sollte, weil es in irgendeiner

Form falsch im Sinne von zerstörerisch ist. Zerstörung wirkt der einenden Verbundenheit entgegen. Diese Zerstörung kann situativ begrenzt sein und sich auf eine einzelne Person oder nur wenige Menschen beziehen. Im schlimmsten Fall ist eine Vielzahl von Menschen inklusive der Umwelt betroffen und die Zerstörung geht mit Gewalt und Tod einher.

Der Mensch hat sich seine Hölle demnach selbst geschaffen. Allerdings erfährt dies noch eine tiefergehende Dimension, wenn die Ergebnisse der Nahtodforschung betrachtet werden. Nahtodforscher berichten von einer Lebensrückschau im Sterbeprozess, während der das gesamte Leben zurückgespult wird und der Betreffende alle Situationen mit den Gefühlen der beteiligten Personen durchlebt. Das ganze Leid, das der Sterbende in seinem Leben durch seine Handlungen verursacht hat, wird ihm in wenigen Augenblicken in den eigenen Gefühlen vermittelt. Weist der Betrachter trotz der Offenkundigkeit seiner Verantwortung diese zurück, kann er, nach Aussage der Yogis, die sogenannten blauen Schichten post mortem nicht überwinden; ein Sachverhalt, der auch mit dem religiösen Bild des Fegefeuers umschrieben wird.

Himmel und Hölle beschreiben somit die Bandbreite dessen, wozu der Mensch aufgrund seines Geistes fähig ist. Ziel ist es, sich aus der Dualität zu befreien, um sich in der Harmonie des Einsseins mit sich, dem Teil-Holon, und den übergeordneten Holonen zu bewegen, in einem Handeln, das durch selbstlose Liebe und Mitgefühl gekennzeichnet ist. Es wird somit klar, dass insbesondere das Töten von Menschen nie und in keinem Fall ein Weg zu Gott sein kann, ganz unabhängig davon, wie nahe diese einem stehen oder nicht. An diesem Punkt ist der Mensch nicht nur aus dem Himmel herausgefallen, sondern endgültig im tiefsten Winkel der Hölle angekommen. Angesichts dieser Offensichtlichkeit ist es umso erschütternder, dass gerade kirchliche Führer immer wieder dazu auf(ge)rufen (haben). Sie fordern damit nichts anders als die Abwendung von Gott.

So offensichtlich diese Tatsache ist, so schwierig ist es, sich diesem Wissen zu öffnen. Neben der analytischen Zergliederung der Wirklichkeit und einer Reduzierung derselben auf eine materialistische Weltsicht tragen selbst die Künste letztlich dazu bei. Während in den klassischen Dramen immer auch eine Hinwendung zum »Guten« erfolgt, verliert sich das in der modernen Epoche in einer Darstellung, die lediglich deskriptiv abbildet, welche Abgründe es gibt. Der Mensch, durchaus in gewisser Weise berauscht durch seinen Verstand in einer Arroganz letztlich sehr limitierten Bewusstseins, benötigt hingegen einen erhebenden Ausblick, um zu erkennen, dass sein Potenzial viel weitgehender ist, als er das anzunehmen gelernt hat. Um das zu erreichen, gibt es neben der klassischen Kunst in heiligen Texten beschriebene Vorbilder wie Jesus oder Buddha. Diese Schriften verfolgen den Zweck, dem Menschen seine Perspektive aufzuzeigen, indem sie ihn mehr oder weniger klar formuliert lehren, wie er auf seinen Ursprung zurückschauen kann.

5 Perspektive finden

Der angesprochenen Begrenzung des ungeschulten Geistes wird gerne widersprochen, weil der Mensch mit Hilfe seines Geistes nahezu unglaubliche Dinge (ge)schafft (hat). Er ist zum Mond geflogen, schickt Sonden quer durch die Galaxie, baut Wolkenkratzer und rasend schnelle Autos – hat aber auch schon Atombomben eingesetzt. Der bestens situierte Anwalt bricht bei stärkeren Widerworten in Tränen aus. Schnell bekommt das Bild des heldenhaften Menschen Risse. Der Mensch ist in der Lage, Nützliches und Schönes zu schaffen, für den anderen da zu sein, sich zu vergnügen, und doch – sobald die Umstände sich ändern – schlägt Wohlwollen oder Indifferenz in Zorn, Hass und selbst Gewalt um. Das lustige Leben wird schwer erträglich, wenn Ängste oder Selbstzweifel den Menschen in die Knie zwingen. In der heutigen Zeit geht die Tendenz dahin, diese »unschöne« Seite als normal zu betrachten. So wünschenswert es ist, sich mit seiner Unzulänglichkeit nicht alleine zu wissen, so problematisch ist es gleichfalls, diese als eben menschlich zu betrachten und sich auf diese Weise jegliche Perspektive auf ein höheres Potenzial zu nehmen. Diese Entwicklung wird zunehmend durch die sozialen Medien verstärkt, über die mit wenig Aufwand jegliches Leiden kommuniziert wird. Moderne »Vorbilder« wie Popstars mit Depressionen, Drogenabhängigkeiten oder sonstigen Charakterfehlern gelten als Nachweis für die These des stets mit Lastern oder Makeln behafteten

Menschen. Weder weite Teile der Philosophie oder Psychologie (sie haben die Seele abgeschafft) noch die Kunst (es wird keine Perspektive des Guten mehr aufgezeigt) halten gegen den Trend, in dem sich die Diskussion über Mensch und Menschsein immer mehr in Fehleinschätzungen und Illusionen verstrickt.

Die Ursache hierfür hat bereits Platon formuliert. Die Ketten des Geistes halten den Menschen in einer Höhle gefangen. Weil der Mensch diese Ketten nicht einmal bemerkt, hält er die Schatten, die sich auf den Wänden abzeichnen, für die Wirklichkeit. Aber erst wenn er sich von diesen Ketten befreit und die Höhle verlässt, erblickt er die Wirklichkeit tatsächlich. Auch im Yoga-Sutra des Patañjali wird die aufgrund tiefsitzender Kräfte verursachte falsche Wahrnehmung der Realität behandelt. An dieser Stelle verweist die katholische Lehre auf nichts anderes, wenn mittels Adam und Eva darauf hingewiesen wird, dass das Eigenbewusstsein und der damit verbundene freie Wille die Ursache für Leiden als Folge einer falschen Vorstellung des Wirklichen sind.

Gerade weil das so einfach klingt, ist es verwunderlich, dass dieser Umstand kaum bemerkt wird. Die Erklärung hierfür liegt gleichfalls in diesem ausgesprochen eigenwilligen Geist, der sehr trickreich ist, aber in der Regel auch (im wahrsten Sinne des Wortes) klare Momente zeigt, in denen er die Impulse der Seele korrekt in das Bewusstsein transferiert. Die vielen angenehmen Dinge – es sei nur einmal an eine Zentralheizung im Winter gedacht – bestätigen die Güte des Verstandes obendrein. Das ist zutreffend und gut, aber die Schlussfolgerung daraus, kein größeres Potenzial sei vorhanden, ist unzutreffend. Allerdings sind die meisten Menschen nur zu gerne bereit, sich aufgrund des Denkvermögens als Krone der Schöpfung zu sehen. Lange Zeit hat sich der dümmste Mann wertiger als jede Frau gefühlt, um mittels dieser Illusion seines Geistes einen Mangel an Selbstwert zu kompensieren. Doch bevor der Mensch seine Illusionen aufgibt, muss das darüber erzeugte Bild von sich und der Welt brüchig werden.

Anlässe für das Erblicken von Rissen fallen sehr unterschiedlich aus. Sie können intrapersonal begründet sein, wenn die Not im oder mit dem eigenen Leben nach Lösungen verlangt, die sich nicht mehr aus den gängigen Problemlösungsverfahren ableiten lassen. Vielleicht haben auch Erfahrungen dazu geführt, das aktuell bevorzugte materialistische Weltbild oder das implizit geltende Wertesystem infrage zu stellen. Sei es bspw. durch das eigene Mitgefühl beim Anblick von Ungerechtigkeit und Not oder durch die offenkundige Ausnutzung der Gesellschaften durch Einzelne bzw. Gruppen.

Es muss demnach eine irgendwie geartete Not vorhanden sein, die den Menschen antreibt, nach einer Perspektive zu suchen. An dieser Stelle könnte man versucht sein, Karl Marx zu zitieren, der behauptete, Religion sei das Opium des Volkes. Diese Sicht ist falsch, weil Opium ein Mittel ist, sich in einem vergänglichen und letztlich kontraproduktiven Rausch dem Alltag zu entziehen. Religion – richtig verstanden – schafft hingegen dauerhafte Veränderung zu einem erhebenden Leben. Zutreffend ist daher in diesem Zusammenhang ein Ausspruch der Bibel: Eher passt ein Kamel durch ein Nadelöhr, als dass ein Reicher in den Himmel kommt. Verdeutlicht werden hier das Beharrungsvermögen und die Trägheit des eigenen Geistes hinsichtlich Veränderungen, selbst wenn ein Missstand erkannt werden sollte. Ein weniger abstraktes, weil reales Beispiel liefert ein Mensch, der einen Film über die qualvollen Umstände für Tiere in einer industrialisierten Landwirtschaft anschaut und diesen zwar mit den Worten empfiehlt, »das ist etwas für euch« und »schlimm, sehr schlimm«, für sich aber keinerlei Konsequenzen aus dem Gesehenen zieht.

Die Notwendigkeit zu einem größeren Anstoß für die Suche nach Perspektive wird verständlicher, wenn man sich vor Augen führt, was genau von einem verlangt wird. Man muss sich wie ein Arbeitnehmer verhalten, der dafür zu sorgen hat, seinen eigenen Arbeitsplatz abzuschaffen. Bei aller möglichen Unzufriedenheit und dem Erleben von Unzulänglichkeit liebt der Mensch seinen Geist, mit dem er sich letztlich in manchen Punkten nur zu gut versteht. Dem Gedanken nachzugeben, das Geschirrspülen auf später zu verschieben oder darauf zu hoffen, dass es ein anderer übernehmen möge, klingt für viele sehr reizvoll. Man kennt sich und ist aneinander gewöhnt. Jegliche Veränderung wirkt daher nur störend. Und wer garantiert, dass sich etwas nachhaltig verbessern könnte?

Zunächst einmal können das echte Vorbilder leisten, die

mit ihrem Leben verdeutlichen, was es heißt, Mensch zu sein. Diese Vorbilder, die in der Lage waren bzw. sind, ihr Leben auf der Ebene der Verbundenheit zu führen, leben letztlich Ideale vor. In allen Kulturen wird von Menschen berichtet, die den Weg dahin gefunden haben. Im Kleinen finden sich solche Menschen immer wieder im Alltag. Doch häufig werden diese kaum geschätzt, was einen Schauspieler sinngemäß zu der Bemerkung veranlasste, man solle doch bitte ein weiches Herz nicht mit einer weichen Birne (Kopf) verwechseln. Gutmütigkeit und Hilfsbereitschaft treffen leider allzu oft lediglich auf Herablassung und Respektlosigkeit. Somit wundert es nicht, dass auch die größten religiösen Vorbilder über die Jahrhunderte ihre charismatische Strahlkraft im Zuge der Aufklärung sowie der Dominanz von Wissenschaft und materiellen Werten verloren haben. Verschwinden aber die wahrhaften Vorbilder aus dem Bewusstsein der Menschen, geht das Wissen über den eigenen Ursprung verloren, obwohl heilige Texte dieses Wissen konservieren und damit heutzutage weltweit verfügbar halten.

Das Problem besteht erneut in dem Umstand, dass die Fehlgriffe der kirchlichen Institutionen auch zu Vorbehalten gegenüber den Inhalten grundlegender Schriften geführt haben. Es ist daher in einem ersten Schritt notwendig, sich diesen Texten ohne Vorbehalte zu nähern und bekannte Fehlinterpretationen auszublenden, die nicht selten dem Wunsch entsprangen, Menschen zu manipulieren, und weit davon entfernt waren, einem göttlichen Willen zu entsprechen. In diesem Zusammenhang können die vielfältigen Möglichkeiten des aktuellen Informationszeitalters genutzt werden. Ein vergleichender Blick auf verschiedene religiöse Systeme hilft, das einem selbst (kulturell) nahestehende System besser zu verstehen. Mit einem unverstellten Blick findet sich in diesen Texten eine Sammlung von Handlungsalternativen, die den Ausdruck von Verbundenheit darstellen. Durch die Lektüre kann der Leser sein eigenes Verhalten mit dem letztlich in seinem Kern angelegten Ideal abgleichen und im Anschluss versuchen, Ursachen für eine Diskrepanz zu finden. In diesem Sinne zeigt ein heiliger Text, meist fußend auf einem geheiligten Vorbild, eine Perspektive auf, indem er Menschlichkeit und deren Auswirkungen nachvollziehbar schildert.

6 Denken, glauben oder wissen

Heilige Texte bieten dem Menschen Perspektive auf sein Potenzial. Allerdings reklamiert die Philosophie diese Rolle ebenfalls für sich. Sie scheint sogar im Vorteil zu sein, weil sie nicht in derselben Weise wie kirchliche Institutionen mit Verfehlungen belastet ist. Dafür weist das philosophische Vorgehen andere, spätestens im Verlauf der Aufklärung entstandene Schwächen auf. Aufgrund der Unbegreifbarkeit der Seele über einen Denkprozess wurde geschlussfolgert, es käme letztlich nur auf das Denken an. Ohne Zweifel ist der menschliche Verstand in der Lage, sich Gedanken über Moral und Ethik zu machen, die religiösen Inhalten weitgehend in nichts nachstehen. Mangels Vorbildern in konkreten Lebenssituationen geraten diese abstrakten »Gedankenspiele« zu einem beeindruckenden Schauspiel, für dessen Logik sich manch einer mehr begeistert als für die formulierten Erkenntnisse. Das Verständnis der Inhalte degeneriert deshalb leicht zu einer Frage der Bildungseitelkeit, statt Leitlinie für das eigene Leben zu werden. In diesem Fall transformiert der Mensch bloße Information nicht in erfahrungsbasiertes Wissen. Grundlegend wird der Nutzen philosophischer Elaborate dadurch eingeschränkt, bei oder trotz aller Präzision nur schwer verständlich zu sein. In gewisser Weise ist das dem Umstand geschuldet, aufwendig auf der Verstandesebene etwas zu begründen, das im Grunde genommen keinerlei Begründung bedarf. Dabei ließe sich bspw. durchaus auch der kategorische Imperativ Kants anstatt der 10 Gebote als praktisch relevante Anweisung zum Maßstab für das eigene Handeln erheben.

Weil aber verschiedene Denker immer wieder zu unterschiedlichen Auffassungen gelang(t)en, etablierte sich mehr und mehr der Irrtum, *alles* sei eine Frage der Sichtweise. Flankiert wird dieser Irrtum durch Forschungen auf dem Gebiet der Psychologie, denen zufolge Dinge immer subjektiv (von Subjekten anders) wahrgenommen werden. Zusammengenommen führt das zur heute allgemein üblichen Haltung des Subjektivismus. Damit wird Wahrheit ausschließlich relativ und degeneriert zur Ansichtssache. Auch wenn es viele Bereiche gibt, in denen das zutrifft, werden dadurch gleichermaßen Ideale erfasst und verkommen zum Spielball individueller Motivation. Jedwede noch so schlüssig begründete Meinung kann mit der lapidaren Aussage abgetan werden, es sei nur eine Meinung unter vielen denkbaren. Im Ergebnis führt das zu einer Beliebigkeit, die menschliches Handeln dem Einflussbereich des Geistes überlässt, obwohl es gerade der Geist ist, der verhindert, sich dauerhaft auf der Ebene der Verbundenheit im Einklang mit Gott zu bewegen, d.h. auf der Ebene objektiver Wahrheit. Salopp könnte man formulieren, der Bock wurde zum Gärtner gemacht.

Heilige Texte nehmen konkret Bezug auf objektiv Wahres, auch wenn der Mensch inzwischen Schwierigkeiten hat, das zu akzeptieren oder überhaupt zu erfassen. Zum einen liegt das an der immer analytischeren Zergliederung der

Wirklichkeit sowie der Illusion ausschließlicher Subjektivität, auch im Sinne einer rein individuellen Existenz des Einzelnen. Zum anderen führt die verwendete Bildersprache einiger Religionen zu Missverständnissen. Diese kann der Interessierte jedoch durch einen Vergleich grundlegender Passagen ausräumen. Taoisten entwickeln bspw. keine Vorstellung eines personifizierten Gottes. Sie sprechen lediglich vom unbenennbaren Urgrund. Letztlich ist jedoch nichts anderes als Gott gemeint, der alles durchdringt. Diese Durchdringung darf nicht mit einer pantheistischen Vorstellung verwechselt werden, weil Gott nicht Teil des sichtbaren Daseins ist. Er schwingt aber in diesem – oder exakter ausgedrückt: Das Dasein schwingt auf wie in ihm. Gedanken, Gefühle und Handlungen, die unverfälscht von dieser unendlichen Dimension des Seins über die Seele durch den Menschen im Dasein sichtbar werden, sind Ausdruck objektiver Wahrheit und damit absolut. Wichtig zu verstehen ist hier nur, dass sich die Absolutheit oder auch Unfehlbarkeit niemals qua Amt einstellt. Ob eine Äußerung Wahrheit beinhaltet, lässt sich in einem wortgenauen Vergleich mit den Originalquellen heiliger Texte feststellen. Auch in diesem Zusammenhang gelten die Einschränkungen, die oben für das philosophische Denken erhoben wurden. Die Auslegung der Heiligen Schrift durch einen ungeschulten Geist (der kirchlichen Würdenträger) birgt immer die Gefahr einer Fehlinterpretation, so brillant der Verstand auch sein möge. Jegliche Maßnahme der Ausgrenzung oder bloßer Abwertung, mit welcher Begründung auch immer, verstößt bspw. gegen ein einfaches Jesus-Wort: Liebe deinen Nächsten wie dich selbst. Es mögen sich mannigfaltige, plausible Begründungen für mangelnde Achtung finden lassen, aber eines ist dennoch klar: Eine Aufforderung dazu entsteht nie durch einen göttlichen Impuls in der Seele.

Wahrhafte Perspektive entwickelt sich nur dort, wo das Bewusstsein für eine objektiv existierende Wahrheit vorhanden ist, die nicht erst in der Vorstellung des menschlichen Geistes entsteht. Diese Wahrheit beruht real auf einer (dem Auge verborgen bleibenden) Schwingungsebene des Seins und bildet den sichtbaren Ausdruck kosmischer Verbundenheit. Am Anfang war das Wort, Wort ist Klang und Klang ist Schwingung. Das Bewusstsein kann sich auf diese Schwingung einstellen, um so in seinem Ursprung zu ruhen. Bei aller Bildhaftigkeit der Heiligen Schrift, verfügt diese in Jesus, im Gegensatz zu rein philosophischen Werken, über eine Person, die vor Augen führt, wie sich ein Leben gestaltet, wenn der eigene Ursprung geschaut wird.

Gläubigen wird immer wieder nahegelegt, ein intensives Bibelstudium zu betreiben, um ihr Leben in der Nachfolge Christi zu führen bzw. in dieses einzutreten. Das hat seine Berechtigung in drei Fällen. Erstens solange der Mensch noch auf der Suche nach Perspektive ist. Ohne eine Vorstellung über das menschliche Potenzial ist es schwerer, wenn auch nicht unmöglich, über den eigenen Horizont hinauszuschauen. Und es ist legitim, vorhandenes Wissen zu nutzen, um nicht – wie es so schön heißt – wieder bei Adam und Eva anfangen zu müssen. Zweitens kann es einen Menschen stützen, wenn der Geist bereits aufgrund äußerer Umstände so geschwächt ist, dass selbst über den Verstand nicht mehr genug Motivation hervorgebracht werden kann, das Geschenk des Lebens in diesem Dasein angemessen wertschätzen zu können. Drittens lassen sich die Inhalte der Bibel für einen Abgleich mit den eigenen Denk- und Handlungsweisen heranziehen. Das gilt insbesondere in einer Phase der Transformation, wenn dem Geist noch nicht hinreichend vertraut werden kann. Die Bibel ist somit ein über praktische Beispiele formulierter *externer* Wegweiser.

Aber ein Abgleich alleine führt noch nicht zu dem Ziel, den Ursprung wahrhaft zu schauen, weil sich der Mensch immer noch auf einer rein verstandesmäßigen Ebene bewegt. Das Denken kann in der Regel nur bedingt helfen. Abgesehen davon, dass der Geist ohne entsprechende Schulung gerade in kritischen Situationen in die Irre führt, stellt sich der verstandesmäßige Gedanke quasi zwischen die Seele und das Eigenbewusstsein. Ähnlich verhält es sich, wenn man bei einem Musikstück die Noten in die Bezeichnung eines Tons gedanklich übersetzen muss, bevor der Ton angeschlagen werden kann. Dadurch sind Note und Ton nicht in einem Augenblick eins. Bis das Einssein selbst erfahren wird, ist Glaube umso mehr gefragt, je weniger der Mensch eine Erfahrung hinsichtlich des Bezugs zur oder in der Rückschau auf die Seele hat. Glaube besteht nicht darin, der kirchlichen Argumentation in jedem Falle zu folgen, obwohl es sich an vielen Stellen als sachlich oder moralisch falsch erwiesen hat. Es geht zunächst um den Glauben, dass es Menschen gibt, die Wissen über die objektive Seite des Seins hinaus erlangen und Erfahrungen vorweisen, die über den eigenen Horizont hinausgehen. Das allerdings setzt das Eingeständnis voraus, dass es Menschen gibt, die unabhängig von der üblichen Hierarchisierung in Gesellschaften wahrhafte Größe besaßen oder besitzen. Erst in diesem Vertrauen kann auf dem Wissen des geschriebenen Wortes aufgebaut werden, indem eigene Erfahrungen die Inhalte bestätigen und damit den Glauben zunehmend in eigenes Wissen verwandeln. Die entsprechenden Erfahrungen, die Glaube in sich stetig vermehrendes Wissen umformt, sind frei von Fanatismus und ein ständiger Antrieb, die gedanklichen Schleier vor der Seele aufzulösen.

Eine intellektuelle Beschäftigung mit der Bibel (oder auch mit der Philosophie) genügt in der Regel nicht, um ein religiöses Leben zu führen. Im Gegensatz zu bspw. buddhistischen Texten beschreibt die Bibel zwar ausführlich, wie das Leben in der Nachfolge Christi aussehen könnte, versteckt jedoch den Hinweis, wie es insbesondere für den Laien möglich wird, sich von den Unzulänglichkeiten des eigenen Geistes zu befreien, um sein Denken, Fühlen und Handeln überhaupt dauerhaft an dem Vorbild des Ideals ausrichten zu können. Aber erst an diesem Punkt münden die eigenen Bemühungen in ein wahrhaftes und damit unangestrengtes spirituelles Leben.

7 Praktische Spiritualität

»Spiritualität« (Geistigkeit) ist ein Wort, das einen inflationären Gebrauch erfahren hat, ohne dadurch für die meisten Menschen greifbarer geworden zu sein. Zunächst wurde es im religiösen Kontext verwendet. Entsprechend wird dem Wort überwiegend eine Hinwendung zu etwas Transzendentem zugeschrieben. Vor allem im katholischen Glauben wird Spiritualität zudem mit Frömmigkeit gleichgesetzt. Allerdings wird beides auch verneint und lediglich die Umsetzung humanistischer Werte im Alltag gefordert. Doch wenn man genau hinschaut, lässt sich bereits aus dem Wort »Geistigkeit« der entscheidende Aspekt herauslesen, obwohl »Geistigkeit« als singulär verwendetes Wort letztlich zu ungenau bleibt.

Ohne geistig zu sein, fehlt es dem Menschen an Eigenbewusstsein. Neben den im Verstand willentlich angestoßenen Gedanken sind auch unbewusste »Gedanken« Teil des Geistes, die Gefühle, Wünsche und Handlungen hervorrufen. So gesehen ist und handelt der Mensch normalerweise immer geistig und sei es nur in einer begleitend wahrnehmenden Weise. Hervorgerufene Gefühle und Handlungen, aber auch die ursächlichen Gedanken sind somit Ergebnisse dieser Geistigkeit, d.h. deren Auswirkungen. Allerdings kann nicht jede Form dieser Auswirkungen als Ausdruck von Geistigkeit im Sinne von Spiritualität angesehen werden. Implizit wird mit dem Begriff, wenn nicht sogar eine Wertung, doch zumindest eine Kategorisierung möglicher Resultate des Geistigen vorgenommen. In dieser Hinsicht besteht kein Unterschied zwischen einer religiösen oder einer (areligiös) humanistischen Spiritualität, die als ihre Kennzeichen Nächstenliebe und Mitgefühl im Verhalten des Einzelnen ansehen. Bezogen auf die Auswirkungen von Spiritualität geht es bei diesem Begriff demnach darum, Verhaltensweisen der Verbundenheit mit seiner Umwelt von denen der Abgrenzung wie Zorn, Gewalt oder Egoismus zu unterscheiden und als besonderes Merkmal des Menschlichen den anderen möglichen Auswirkungen der Geistigkeit gegenüberzustellen.

In der Bibel wird diese Gegenüberstellung in herausragender Weise über Jesus personifiziert. Sein Leben ist als Ideal eines spirituellen Daseins in seinen entscheidenden Facetten festgehalten worden. Zahlreiche Beispiele zeigen auf, dass man auch in schwierigen Situationen seinen Mitmenschen in selbstloser Liebe und mit Mitgefühl begegnen kann. Doch dem Betrachter muss bewusst bleiben, dass es sich hierbei um die *Auswirkungen* eines spirituellen Lebens im Alltäglichen handelt, die im Eigenbewusstsein erscheinen und sich in Handlungen im Dasein auch für andere sicht- sowie spürbar äußern. Damit ist jedoch noch nichts darüber ausgesagt, wie der Mensch zu einem Leben in Frömmigkeit oder nach humanistischen Werten fähig wird. Gerade der philosophischen Annäherung fehlt diesbezüglich – wie oben dargelegt – ein praktischer Ansatz, über den es gelingt, selbstlose Liebe und Mitgefühl gegen die übrigen Aktivitäten eines Geistes, der die Impulse der Seele lediglich verfälscht in Gedanken überträgt, durchzusetzen. Der Geist ist aber der Dreh- und Angelpunkt, an und über den sich entscheidet, ob es dem Menschen möglich wird, sein menschliches Potenzial vollständig zu entfalten. Hierzu muss die Schwingung des Geistes derjenigen der Seele angeglichen werden. Ohne eine spirituelle Praktik (Übung), die dazu in der Lage wäre, bleibt der spirituell Willige ohne (effiziente) Handlungsanweisung, die ihm zumindest auf längere Sicht erlaubt, auch in schwierigen Alltagssituationen seinen Mitmenschen in selbstloser Liebe zu begegnen. Unter spirituellen Bemühungen – d.h. Bemühungen, die zu einem spirituellen Leben befähigen sollen! – können daher Praktiken verstanden werden, die das innere Erleben und das nach außen wirkende Verhalten am Wesen der Seele ausrichten, indem sie den Geist und damit das Bewusstsein anheben. Dadurch wird das Kennzeichen des Religiösen – die Rückschau auf den eigenen Ursprung – konkretisiert und in praktische Bahnen gelenkt.

Die in religiösen Kontexten genannten Merkmale gelebter Spiritualität sind diesbezüglich kritisch zu hinterfragen. Es muss scharf getrennt werden, ob es sich um den Ausdruck spirituellen Lebens oder um spirituelle Übungen handelt. In diesem Zusammenhang gilt Ähnliches wie bei den über keine Praktik verfügenden Humanisten. Deren verbale Fürsprache für humanistische Werte führt nicht selten zu der Illusion, selbst Humanist zu sein, während im Alltag ein mehr oder weniger ins Auge springender Egoismus gelebt wird. Es wird übersehen, dass ein Humanist nicht bereits mit Bekundung dieser Werte zu einem solchen wird, sondern erst wenn er diese Werte selbst im Alltag umsetzt. Für die Mitglieder religiöser Gemeinschaften besteht zudem die Gefahr, sich auf der »richtigen« Seite zu wähnen, nur weil Äußerlichkeiten korrekt eingehalten werden. Die Ausführung eines Ritus alleine sagt aber noch nichts darüber aus, ob ihm die Qualität einer spirituellen Praktik objektiv (noch) innewohnt oder er diese subjektiv erreicht.

Der zuletzt genannte Aspekt verweist auf die innere Haltung, die sich nicht automatisch mit Ausführung eines Ritus ändert. Das Gebet stellt einen wichtigen Teil eines religiös-spirituellen Lebens dar, weil es einen Kontakt zu Gott herstellen soll. Das wird jedoch mangels Anhebung des Geistes nicht geschehen, solange das Gebet lediglich als verpflichtender Teil im Rahmen der Religionsausübung absolviert wird. Der Betende muss vielmehr von dem Wunsch *beseelt* sein, mit Gott in Kontakt zu treten. In dieser Formulierung versteckt sich bereits der wesentliche Aspekt eines spirituellen Gebets. Mittels der gebetsmäßigen Anrede Gottes wird der Geist mit der Seele in Einklang gebracht, so dass der Mensch schließlich zu Gott spricht. Aber erst in der rezeptiven Stille nach dem Gebet vernimmt er über die Impulse der Seele Göttliches in Form von Gedanken, Gefühlen oder Bildern, die die Ebene der Verbundenheit repräsentieren und somit absolut wahrhaftig sind. Ein Ritus wird folglich erst zu einer spirituellen Praktik, wenn er mit einer entsprechenden inneren Haltung verknüpft wird.

Zudem muss ein Ritus (Praktik, Übung) überhaupt objektiv in der Lage sein, geistige Transformation hervorzurufen. Ob und inwieweit eine (vermeintlich) spirituelle Praktik wirksam ist, lässt sich im Allgemeinen daran ablesen, ob es über lange Zeit Menschen gegeben hat, über die hinreichend glaubhaft dokumentiert ist oder weitergegeben wurde, mittels dieser Praktik die Rückschau auf die Seele vollzogen zu haben. Je größer diese Gruppe ist, desto wahrscheinlicher wird es immerhin, dass diese Praktik einen generell transformierenden Einfluss auf den Geist ausübt. Die Zahl dieser Menschen wird umso kleiner, je mehr die Praktik nur für bestimmte Geisteskonfigurationen geeignet ist. Auch muss die Frage gestellt werden, ob eine Gruppe Praktizierender eine gewünschte Eigenschaft nur deshalb in hervorstechender Weise besitzt, weil über die Art der Praktik diejenigen Menschen angezogen werden, die über diese Eigenschaft ohnehin bereits (zumindest rudimentär) verfügen. In einer derartigen Konstellation ist das Augenmerk auf diejenigen Mitglieder zu richten, denen die einer Übung zugesprochene Eigenschaft im Vorhinein fehlt. Nur dann lässt sich feststellen, ob eine grundlegende Veränderung des Geistes stattgefunden hat. Weil die Informationsgüte kaum realistisch einschätzbar ist, sind Systeme zu bevorzugen, die sich über lange Zeit (Jahrhunderte bis Jahrtausende) etabliert haben. Ob die damit verbundenen Praktiken auch bezogen auf den Einzelfall geeignet sind, lässt sich in einem zweiten Schritt nur individuell beantworten. Sind die Widerstände des Geistes gegen eine Übung zu groß, wird dieser bspw. mittels einer mangelnden Motivation dagegen rebellieren.

Darüber hinaus lässt sich die konkrete Frage nach einer angestoßenen Entwicklung auf geistiger Ebene ebenfalls nur für den Einzelfall bestimmen, weil diese ausschließlich von der jeweiligen Geisteskonfiguration abhängt. Die Fortschritte beziehen sich bei verschiedenen Menschen aufgrund ihrer individuellen Lebenslinien auf unterschiedliche Bereiche des Geistes. Während der eine leichter anderen im Straßenverkehr den Vortritt lässt, weil er nicht mehr andauernd das Gefühl hat, zu kurz oder einfach nur zu spät zu kommen, bleibt ein anderer vielleicht in einem Konflikt gelassener, weil die Angst vor Verlust geschwunden ist.

Immerhin gibt es auch einen generellen Indikator für die Wirksamkeit spiritueller Bemühungen: ein verändertes Wünschen. Der Mensch hat gelernt, Wünsche zu artikulieren, die in der Regel auf ihn selbst bezogen sind. Ein Kind wünscht sich bspw. zum Geburtstag ein neues Spielzeug. Selbst ohne spirituelle Praxis verändert sich das im Laufe des Lebens, wenn die eigenen Bedürfnisse hinreichend befriedigt sind und Materielles nicht mehr denselben Stellenwert besitzt wie in jungen Jahren. Erkennen lässt sich die veränderte Haltung an Geburtstagseinladungen, auf denen um eine das Geschenk ersetzende Spende für ein gemeinnütziges Projekt gebeten wird. Ähnlich entwickelt sich das Wunschverhalten des (»erfolgreich«) spirituell Praktizierenden von einer selbstbezogenen Perspektive zu einer allverbundenen. Wünsche bezogen auf Geld, Haus, Auto oder Gesundheit, Anerkennung, Erfolg ändern sich in den Wunsch nach Harmonie im Sinne eines Besten für

Mensch, Umwelt und Kosmos. In der Bibel hat Jesus vorgelebt, was das in allerletzter Konsequenz bedeutet, indem er am Kreuz für das Wohl der Menschen sein Leben gegeben hat.

Während in der Bibel sehr ausführlich über Auswirkungen eines spirituellen Lebens berichtet wird, gibt es fast keinen Hinweis darauf, wie es Jesus gelungen ist, sich auch während der größten Herausforderungen auf der Ebene der Verbundenheit zu bewegen. Ein diesbezüglicher kleiner Fingerzeig geht in den Informationen des Gesamtwerks geradezu unter und wird im Normalfall kaum vermittelt, solange äußere Anlässe hierfür fehlen. Doch auch ohne jegliches Vorwissen lässt sich dieser Hinweis finden, wenn man einen kurzen Blick auf den Buddhismus richtet. Dessen Fundament wird klar in der tiefen Meditation Buddhas kommuniziert. Entsprechend werden Buddhisten bereits früh dazu angehalten, sich in Meditation zu üben. Und genau das tat Jesus ebenfalls, als er sich für vierzig Tage in die Wüste zur Meditation zurückzog. Auch wenn dem kaum Raum gegeben wird, ist diese unscheinbare Stelle in der Bibel letztlich der Schlüssel für ein spirituelles Leben. Dieses Leben führt durch eine spirituelle Praktik dahin, hat zum Ziel und erreicht ein Leben auf der Ebene der Verbundenheit, die sich in selbstloser Liebe und Mitgefühl ausdrückt. In diesem Sinne stellt eine spirituelle Übung zugleich immer eine religiöse Übung dar und ist damit praktischer Ausdruck eines religiösen Lebens.

8 Meditation oder Gnade

Meditation ist der Schlüssel, der die Tür zu einem spirituellen Leben für denjenigen öffnet, dessen Geist sich den Impulsen der Seele bisher hartnäckig in den Weg stellt. Unglücklicherweise wird die Bedeutung derselben im Allgemeinen kaum noch erkannt. Ursache hierfür ist eine inzwischen unüberschaubare Vielfalt von Meinungen zu den Fragen, was Meditation ist und welche Bedeutung ihr zukommt. Das führt zu einer meist diffusen Vorstellung in einem ohnehin weiten Feld. Übrig bleibt der kleinste gemeinsame Nenner, der Meditation als eine Technik betrachtet, mit der sich Entspannung und Fokussierung herbeiführen lässt.

In einer aktuellen Studie kommen Psychologen zu dem Schluss, die positive Wirkung von Meditation beruhe lediglich auf einer Selbstüberschätzung des Ausführenden. Hingegen hätten sich versprochene Effekte im Hinblick auf eine Auflösung des Egos (d. h., durch eine Anhebung und Umstrukturierung des Geistes frei von Gedanken, Gefühlen und Wünschen zu sein, die den Impulsen der Seele widersprechen) nicht feststellen lassen. Die Diskrepanz zwischen der wissenschaftlichen Analyse und einem von vielen Menschen eher intuitiv verstandenen Potenzial meditativer Techniken hat verschiedene Ursachen. Um diese zu verstehen, bedarf es eines genaueren Blicks auf die betrachteten Merkmale. Eine Selbstüberschätzung tritt ein, wenn ein Mensch sein Leistungsvermögen in einem bestimmten Bereich besser einschätzt, als es tatsächlich ist. Die Bereitschaft, das zu tun, findet sich in der vorhandenen Geisteskonfiguration. Dagegen geht es bei der Auflösung des Egos darum, die nicht unerheblichen Einschränkungen, die sich aus einer vorhandenen Geisteskonfiguration ergeben, aufzuheben. Jeder, der schon einmal versucht hat, ein Denk- oder Verhaltensmuster zu verändern, weiß, wie schwierig das ist. Das gilt umso mehr, wenn das Ziel darin besteht, den eigenen Geist bis in seine tiefsten Prägungen umzustrukturieren. In diesem Fall sind die Beharrungskräfte, die es zu überwinden gilt, besonders groß. Dazu bedarf es Zeit sowie besonderer Anstrengung. Ganz anders sieht es hinsichtlich der allgemeinen Wirkung einer Meditationspraxis aus. Selbst bei schwieriger zu erlernenden Formen setzen unspezifische, positive Veränderungen wie eine Vitalitätssteigerung oder ein besseres Konzentrationsvermögen mit Beginn oder doch schon nach kurzer Zeit ein, die Anlass zur Selbstüberschätzung geben können. Bei einer nur 4-wöchigen Beobachtungszeit der Probanden verwundert es daher nicht, dass Effekte zur Selbstüberschätzung gefunden wurden, während sich keine Hinweise für eine Auflösung des Egos eingestellt haben.

Zudem bezog sich die Untersuchung nur auf eine bestimmte Form der Meditation, die für eine als »üblich« angesehene Zeitdauer angewendet wurde. Dabei wurde weder hinterfragt, welche Wirkungen diese Meditationsform *grundsätzlich* (d.h. auch isoliert) hinsichtlich einer

Transformation des Geistes entfalten kann, noch kritisch überprüft, ob die »übliche« Meditationszeit dafür ausreichend ist. Diese Mängel treten auf, sobald Experten einer Disziplin sich vermeintlich in der Lage sehen, jeden beliebigen Forschungsgegenstand zu evaluieren, obwohl ihnen die notwendige Sach*erfahrung* fehlt. Formal sind solche Studien korrekt. Im vorliegenden Fall ist das Ergebnis bezogen auf die herangezogene Meditationsform, die Anwendungszeit, sowie die studienbedingte Beobachtungszeit zutreffend. Aber dieser Studie fehlt die Aussagekraft, weil wesentliche, sachlich entscheidende Gesichtspunkte nicht berücksichtigt wurden. Um das Problem plastischer zu verdeutlichen, kann man sich eine Studie denken, die untersuchen soll, ob in einer mitteldeutschen Kleinstadt mehr Kirschen oder mehr Austern gegessen werden. Hierzu wird der August als Beobachtungszeitraum ausgewählt. Das Ergebnis fällt eindeutig zugunsten der Kirschen aus. Es ist auch zutreffend, bietet aber keinen brauchbaren Erkenntnismehrwert.

Ganz allgemein festigen Studien mit eingeschränkter Aussagekraft unabsichtlich (oder manchmal auch durchaus absichtlich) Vorbehalte in umstrittenen Sachgebieten. Das gilt auch für den Bereich der Meditation, der ohnehin durch einen eingeschränkten Wissensstand der Allgemeinheit gekennzeichnet ist. Letztlich beurteilt der unkundige Betrachter nicht die Ausgestaltung der Studie. Er unterstellt deren Richtigkeit vor allem aufgrund der genannten Autoren und des Verweises auf eine wissenschaftliche Methodik. Zugleich wird dadurch aber das Vertrauen in solide Aussagen zu den Möglichkeiten von Meditation untergraben, so dass fehlerbehaftete Studien in diesem Bereich als besonders problematisch zu betrachten sind.

Aber diese Studie steht nur am Ende einer langen Kette von Ansichten und Veröffentlichungen, deren Urheber sich aus einer mehr oder weniger theoretischen Warte zu diesem Thema äußern. Es lassen sich in diesem Zusammenhang auch Autoren finden, die Meditation und Kontemplation synonym verwenden oder Kontemplation als das Ziel von Meditation betrachten. Allerdings wurde der Wert der Kontemplation in Europa bereits parallel zur Aufklärung und zum Aufstieg der Wissenschaften zunehmend negiert. Bis dahin wurde die Kontemplation in philosophischen sowie religiösen Texten als eine Praxis der konzentrierten Betrachtung anerkannt, die einen Zugang zu Wahrheit erschließt. Später wurde der Kontemplation nicht nur die Fähigkeit zur Erkenntnisgewinnung, sondern auch deren Relevanz für ein religiöses Leben abgesprochen, weil sie keine praktische Seite aufweise. Aufgrund des lateinischen Wortstammes des Begriffs »Meditation«, der über ein Nachsinnen oder Nachdenken *scheinbar* auf denselben Kern wie die Kontemplation verweist, wird auch Meditation überwiegend im Rahmen der allgemeinen Meinung unterschätzt.

Ein weiterer Grund für die stiefmütterliche Behandlung liegt in der Vielfalt möglicher Ausführungen, die unterschiedliche Wirkungsgrade aufweisen. Kontemplation und

Meditation überschneiden sich definitionsgemäß zumindest dann, wenn es darum geht, über die Betrachtung eines geistigen Objekts Bewusstsein zu gewinnen. Die Betrachtung dieser Objekte oder bspw. des Atems ist dabei sehr beruhigend, löst aber nicht die tief im Unter- sowie Unbewussten verankerten Prägungen, weil diese Formen der Meditation lediglich knapp unterhalb der Bewusstseinsschwelle wirken. Auch wenn die Mehrheit der Übenden »nur« Erfahrungen auf dieser Ebene hat, handelt es sich um eine unzulässige Verkürzung, das Potenzial aller meditativen Übungen auf diese Wirkung zu reduzieren. Dabei wird übersehen, dass über die Rezitation eines Mantras das Unterbewusstsein transformiert, und – bei entsprechender Praxis – die Struktur des Geistes selbst verändert wird.

Die entsprechende Praxis stellt einen individuell entscheidenden Grund für die zurückhaltende Einschätzung des Wertes meditativer Techniken dar. Yogi Bhajan hat hierzu klare Angaben gemacht. Zum einen korrespondieren die Wirkungen einer Meditationssitzung mit der Ausführungsdauer. Bei verhältnismäßig kurzer Übungszeit treten zunächst Veränderungen auf der körperlichen Ebene ein, die sich bspw. in einer Aktivierung des Herz-Kreislauf-, des Drüsen- und des Nervensystems zeigen. Danach werden zunehmend tieferliegende Schichten des Geistes erreicht. Es sind jedoch zweieinhalb Stunden Meditationszeit notwendig, um die Veränderungen schließlich in die Persönlichkeit zu integrieren. Zum anderen hängen die Wirkungen der Meditation von einer fortlaufenden Übung ab.

Erst nach vierzig Tagen wird eine Gewohnheit (ein Reaktionsmuster des Geistes) gebrochen, nach hundertzwanzig Tagen eine neue angenommen. Berücksichtigt man diese Zeiträume, wird verständlicher, warum die volle Wirkungskraft der Meditation selten beobachtet wird. Um eine sehr tief verankerte Gewohnheit zu verändern, bedarf es einer mindestens 40-tägigen (es sei an Jesus Aufenthalt in der Wüste erinnert), zweieinhalbstündigen Praxis. Um das durchführen zu können, müssen Körper wie Geist vorbereitet werden, so dass in der Regel, je nach Alter und Lebensverlauf, mehrere Jahre notwendig sind, um ein derartig tiefgreifendes Vorhaben angehen zu können. Auch das erklärt, warum sich die Möglichkeiten von Meditation nur schwer über kurz- bis mittelfristige Studien erheben lassen. Grundsätzlich gilt es jedoch anzumerken, dass jegliche, insbesondere Mantra-Meditation, einen Effekt erzielt. Bereits mit relativ geringem zeitlichem Aufwand führt diese zu körperlichen und geistigen Veränderungen, über die sich die Bereitschaft und das Vermögen, im Alltag das Erleben und Handeln an den Impulsen der Seele auszurichten, spürbar erweitern.

Unter Berücksichtigung dieser Zusammenhänge wird zudem verständlich, warum es falsch ist, der Meditation und/oder Kontemplation keinen praktischen Nutzen zuzusprechen. Ein dauerhafter Rückzug aus dem Alltagsleben stellt kein konstituierendes Kriterium einer spirituellen Praxis dar, auch wenn das vorübergehend hilfreich sein kann, um täglich neue Eindrücke zu vermeiden, die auf den Menschen einwirken und Spuren im Geist hinterlassen. Aber genau aus diesem Grund bildet vor allem die Mantra-Meditation einen wichtigen Baustein eines spirituellen Lebens, der in den Alltag integriert werden sollte. Mittels einer Mantra-Meditation wird der Geist auch von den Abdrücken der alltäglichen (belastenden) Erfahrungen »gereinigt«. Erst das garantiert, dass die bereits angestoßenen Veränderungen im Geist erhalten bleiben. Auf diese Weise wird kontinuierlicher Fortschritt möglich, in dessen Verlauf die Impulse der Seele immer klarer und dauerhafter wahrgenommen werden sowie der Kontakt zum Göttlichen gefestigt wird.

Der im christlichen Kontext geführte Streit darüber, ob man alleine durch sein Handeln oder ausschließlich durch die Gnade Gottes zu Gott finden kann, geht genau besehen an den Gegebenheiten vorbei. Ein Handeln für andere, das hauptsächlich bezweckt, zu Gott finden zu wollen, wird dies nicht erreichen, solange die innere Haltung einen Mangel an *selbstloser* Liebe aufweist. Anders sieht es aus, wenn dieses Handeln für andere zum Ziel hat, über den Dienst am Nächsten auch den Geist zu transformieren. Doch muss man sich bewusst bleiben, dass eine tiefergehende Veränderung des Unterbewusstseins oder der Struktur des Geistes im Allgemeinen eine Form der Mantra-Meditation notwendig macht. Der entscheidende Punkt liegt folglich darin, ob ein Mensch aufgrund von Erfahrungen den Wunsch entwickelt, sich seinem menschlichen Potenzial zuzuwenden und einen Weg für sich zu finden, der ihn befähigt, sich mit der notwendigen Hingabe spirituellen Praktiken zu widmen. Angesichts der vielen

Menschen, die immer wieder in ungute (von ihnen selbst nicht gewünschte) Muster zurückfallen, diese ignorant beibehalten oder gänzlich am Leben zerbrechen, könnte man bei ausschließlicher Betrachtung eines einzelnen Lebens tatsächlich von einer erfahrenen Gnade sprechen, wenn der Ruf Gottes durch die Seele so stark ist, dass er, wenn auch undeutlich, gehört wird. Geht man hingegen von einer sich wiederholenden Inkarnation einer Seele aus, verdeutlicht die Lehre vom Karma, dass das Vermögen des Menschen, den Ruf Gottes in der Seele wahrzunehmen, dem Umstand geschuldet ist, bis zum aktuellen Leben hinreichend positive, weil zur Verbundenheit führende Entscheidungen getroffen zu haben. Insofern könnte sich der Mensch die Gnade eher erarbeitet haben. Für den Einzelnen ist es folglich weniger wichtig, sich über Gnade Gedanken zu machen, als auf die Zeichen zu achten, die ihm immer wieder im Alltag begegnen, um den eigenen Lebensweg zu dem vom Göttlichen inspirierten Menschlichen zu führen und ein Leben in Verbundenheit stetig zu vertiefen.

Einstein hat das in einem Brief von 1950, der 1972 in der New York Times veröffentlicht wurde, wie folgt ausgedrückt: »A human being is a part of the whole called by us ›Universe‹, a part limited in time and space. He experiences himself, his thoughts and feelings as something separated from the rest, a kind of optical delusion of his consciousness. This delusion is a kind of prison for us, restricting us to our personal desires and to affection for a few persons nearest to us. Our task must be to free ourselves from this prison by widening our circle of compassion to embrace all living creatures and the whole nature in its beauty. Nobody can achieve this completely, but the striving for such achievement is, in itself, a part of the liberation and a foundation for inner security.«*

* Ein menschliches Leben ist ein Teil des Ganzen, das wir »Universum« nennen, ein Teil begrenzt in Zeit und Raum. Er erfährt sich selbst, seine Gedanken und Gefühle als etwas vom Übrigen Getrenntes, eine Art optischer Täuschung seines Bewusstseins. Diese Täuschung ist eine Art Gefängnis für uns, das uns auf unsere persönlichen Wünsche und die Zuneigung zu wenigen uns sehr nahestehenden Personen beschränkt. Unsere Aufgabe muss es sein, uns aus diesem Gefängnis zu befreien, indem wir unseren Kreis aus aktivem Mitgefühl derart erweitern, dass er alle lebenden Geschöpfe und die ganze Natur in ihrer Schönheit umfasst. Niemand kann dies vollständig erreichen, aber das Streben nach so einer Leistung ist in sich selbst ein Teil der Befreiung und eine Basis für innere Sicherheit. (Übers. d. Verf.)

9 Den Anfang finden

In der Regel ist es nicht die Wahrnehmung, der Geist verursache ein Gefängnis, durch das die Illusion des Getrenntseins entsteht, die zu einer Hinwendung zu religiösen Themen respektive einem spirituellen Leben führt. Die Erfahrung der Verbundenheit kommt zwar häufiger vor, als gemeinhin angenommen, wird aber meist nicht als solche erkannt oder als singuläres Phänomen in der Folge besonderer Umstände missverstanden. Dennoch ist es indirekt der Geist, der diese Art der Veränderung ermöglicht, sobald sich der Mensch ehrlich eingesteht, sein Potenzial nicht annähernd auszuschöpfen. Ursache hierfür können Verhaltensweisen sein, die ein reduziertes Ergebnis nach sich ziehen. Ein Sportler mag immer wieder in entscheidenden Momenten an seinen Nerven scheitern. Ein Angestellter kann sich mit guten Ideen nie durchsetzen, weil er zu schnell ungeduldig oder zornig reagiert, falls seine Vorschläge kritisch betrachtet werden. Das eigene Potenzial ist auch dann nicht ausgeschöpft, wenn der Geist ein Verhalten anstößt, das die eigene Gesundheit durch Übermaß schädigt oder konstruktive Problemlösungen unterläuft. Auf der ursächlichen Ebene geht es folglich darum, sich von den Begrenzungen, die der ungeschulte Geist verursacht, zu befreien. In der Zen-Literatur wird das in der Geschichte von »Hirte und Ochse« verbildlicht, indem der Hirte sich auf die Suche nach dem Ochsen, dem ungeschulten Geist, begibt, der sich je nach Neigung oder Abneigung unkontrolliert mal hier und mal dort (zerstörerisch) auslebt. Dieser Ochse muss gebändigt werden, um die konstruktive Kraft zu nutzen, die Gott dem seine Seele schauenden Menschen zur Verfügung stellt. Nur dann kann der Mensch sein Potenzial zum eigenen und zum Wohl der anderen voll entfalten.

Zu diesem Zeitpunkt hat der Hirte nicht nur erkannt, dass die unter- und unbewussten Einflüsse seines Geistes aufgehoben werden müssen und können, sondern eine entsprechende Motivation diesbezüglich gefasst. Das wiederum ist ein entscheidender Schritt, weil sich hierfür die Perspektive verändert hat. Es ist zu beachten, dass es sich zu Beginn normalerweise um keinen geplanten, systematischen Prozess handelt. In Abhängigkeit der gewählten, noch nicht notwendig auf die Seele gerichteten Perspektive finden sich auf verschiedenen Ebenen Lösungsansätze, mit denen das eigene Potenzial weniger umfassend erweitert werden kann. Das gilt es zu bedenken, wenn bisherige Bemühungen zunächst nicht zu dem gewünschten Ergebnis führen. Das folgende Beispiel erläutert die Unterschiede in der eigenen Haltung sowie den zugehörigen Resultaten.

Ein Pulk Motorradfahrer überholt auf einer kurvigen Landstraße in haarsträubender Weise. Wenige Kehren später liegt einer der Motorradfahrer verunglückt auf der Straße. Die angebotene Hilfe wird nicht benötigt, aber der Unfallfahrer fragt sich, warum ausgerechnet ihm das immer geschehen müsse. Ein anderes Mitglied der Gruppe erzählt, dass dem »Pechvogel« dies bereits zum dritten Mal passiert sei. Sofern der Unfallfahrer überhaupt mit einer Ursachenanalyse beginnt, kann das auf zwei Ebenen geschehen.

Er könnte ausschließlich (tatsächlich vorhandene oder nur herbeigeredete) äußere Faktoren als Ursache heranziehen. Demnach könnte das Motorrad zu langsam oder schwer, der Straßenbelag zu schlecht, die Sicht eingeschränkt gewesen sein oder ein anderes Mitglied der Gruppe einen Fahrfehler begangen haben. Bei drei gleichartigen Unfällen ist es hingegen wenig überzeugend, äußere Faktoren als Hauptursache anzunehmen. Primär ursächlich ist vermutlich der Gedanke, mit den anderen mithalten zu wollen. Diese Motivation treibt ihn dazu, schneller zu fahren, als es seinem Können entspricht. Da er nicht verstanden hat, wo genau sein Problem liegt, ereignet sich ein weiterer Unfall, sobald sich eine ungünstige Konstellation in den Umständen einstellt. Dasselbe geschieht, wenn sich ein Mensch unklar darüber ist, warum er in bestimmten Situationen in einer bestimmten Weise handelt bzw. reagiert. Die Folgen werden jedes Mal dieselben sein.

Beginnt der Motorradfahrer das Problem konstruktiv anzugehen, liegt der Schluss nahe, seine fahrerischen Qualitäten zu verbessern. Möglich wäre das bspw. über ein Fahrertraining auf der Nordschleife des Nürburgrings. Wenn er Glück hat, verlagert er auf diese Weise das von ihm beherrschbare Geschwindigkeitsniveau weit genug nach oben, um innerhalb der Gruppe nicht mehr unfallgefährdet zu sein. Es bleibt jedoch dem Zufall überlassen, ob es zu einem weiteren Unfall kommt, wenn sich die Umstände ändern, sei es durch einen schnelleren Fahrer in seinem Umfeld oder einen tatsächlich gefährlichen Straßenbelag. Die Maßnahme bleibt zudem erfolglos, wenn er aufgrund des von ihm empfundenen Konkurrenzdrucks auch nach dem Training nicht in der Lage ist, das neu gewonnene Fahrkönnen abzurufen. Ähnlich ergeht es einem Menschen, der wiederholt hektisch, zornig oder verlegen wird. Er könnte sich eine einfache Atemtechnik aneignen, die in entsprechenden Situationen angewendet wird. Da diese Übung jedoch keine tiefgehende Wirkung auf die Funktionsweise seines Geistes entfaltet – oder auch nur im entscheidenden Moment keine Zeit dafür bleibt –, hängt die erreichte Verbesserung ebenfalls vom Zufall ab.

Der Motorradfahrer kann sich an diesem Punkt mit seiner geistigen Situation beschäftigen. Seine Nervosität in der Gruppe beruht darauf, sich unbedingt als gleichwertiger Fahrer behaupten zu wollen. Um diesbezüglich etwas zu verändern, eröffnen sich ihm zwei Alternativen. Er kann über ein Mentaltraining eine kleine Lösung wählen – oder er nimmt auf einer zweiten Ebene die Herausforderung einer großen Lösung an, nachdem er in seiner Nervosität die Spuren seines ungeschulten Geistes erkennt, der nicht in jeder Situation die beste Herangehensweise zulässt. Die kleine Lösung birgt für ihn weiterhin das Risiko, über seine Grenzen hinauszugehen. Genau aus diesem Grund bewegen sich Rennfahrer normalerweise auf gesicherten Strecken mit ausreichenden Sturzzonen. Ebenso besteht trotz der Anwendung von nicht in der Tiefe transformierenden Psychotechniken die Gefahr, in Situationen, die den Menschen schwerwiegend betreffen oder die sehr schnell ablaufen, in längst überwunden geglaubte Verhaltensmuster zurückzufallen. Erst das Eingeständnis, sich letztlich um jeden Preis in der Gruppe behaupten zu wollen, ebnet den Weg, sich der eigentlichen Ursache des Problems bewusst zu werden.

Der Perspektivenwechsel alleine genügt nicht, um weitere Unfälle zu verhindern, solange dem antreibenden Motor im Unterbewusstsein seine Energie nicht entzogen wird. Die Reflexion führt ihn zwar möglicherweise dorthin, aber sie kann nicht alle Zusammenhänge erfassen und löst vor allem nicht an alte Gedanken (Erfahrungen) gekoppelte Emotionen, die das Wünschen und Handeln mitbestimmen. Mit dem Werkzeug der Meditation löst sich diese Verbindung, so dass es dem Motorradfahrer sukzessive leichter fallen wird, das Risiko für sich richtig einzuschätzen und das Tempo entsprechend anzupassen. Ganz allgemein erreicht der Mensch mittels Meditation einen Zustand, in dem von der Seele trennenden Gedanken die emotionale Triebkraft genommen wird, so dass ihnen die Handlungsbestimmung selbst dann fehlt, wenn sie bis in das Bewusstsein vordringen. Bei weiterem Fortschritt bleiben diese Gedanken schließlich aus. Eine heikle Aufgabe wird bspw. in der Durchführung einfach, weil sie nicht mehr von zweifelnden Gedanken begleitet wird, die die Ausführung mehr oder weniger ungünstig beeinflussen. Das Schauen der Seele über die Klärung des Geistes, verbunden mit einem Anheben des Bewusstseins, ermöglicht nicht nur, in Verbundenheit zu leben. Die damit wieder-gewonnene Selbstachtung lässt den Menschen in einem Urvertrauen ruhen, das sich verbessernd auch auf seine alltägliche Aufgabenerfüllung auswirkt.

Vor allem zu Beginn des geistigen Veränderungsprozesses kommen immer wieder Zweifel an der Sinnhaftigkeit des eigenen Vorhabens auf. Zum einen werden diese durch Gedanken verursacht, die der eigene Geist aus dem Un-terbewusstsein entgegen den Impulsen der Seele freisetzt oder willentlich im Verstand angestoßen werden. Zum an-deren neigen Menschen aus dem persönlichen Umfeld dazu, Zweifel zu säen oder die beginnende Motivation zu untergraben. Zum Teil liegt das daran, dass sie durch die Veränderungsbemühungen eines anderen ihr eigenes Ver-halten infrage gestellt sehen. Wie oft wird bspw. jemand dazu aufgefordert, doch ein Bier zu trinken, obwohl er kundgetan hat, auf Alkohol verzichten zu wollen. Nicht selten steigert sich diese Aufforderung zu Äußerungen wie »sei doch kein Waschlappen« oder »was ein echter Mann ist«, die über die emotionale Schiene den Druck erhöhen sollen. Außerdem kommt hier ebenfalls zum Tragen, dass die Menschen unterschiedliche Geisteskonfigurationen aufweisen, die sie von den Impulsen der Seele mehr oder weniger abschneiden. Die Bemühungen, einen Aspekt zu verbessern, der anderen keine Schwierigkeiten bereitet oder von diesen als abwegig betrachtet wird, führen häu-figer dazu, dass die Veränderungsabsicht von Dritten ba-nalisiert oder ins Lächerliche gezogen wird.

Besonders anfällig für derlei Zweifel sind Menschen, die ohnehin dazu neigen, Ursachen für eine ungünstige Entwicklung von Situationen sich selbst zuzuschreiben. In diesen Fällen muss darauf geachtet werden, weder in das Gegenteil zu verfallen noch die Bemühungen vorzeitig einzustellen. Die spirituellen Übungen werden das Vertrauen in die eigenen (psychischen sowie sozialen) Kompetenzen und damit in die Richtigkeit der Veränderungsabsicht stärken. Aufgrund der Individualität des Einzelnen lassen sich jedoch keine generellen Aussagen über Entwicklungsverläufe und Zeiträume treffen. Das kann dazu führen, dass vorhandene Zweifel durch den noch ungeschulten Geist neue Nahrung erhalten. Diese können bspw. die Angst des Motorradfahrers vor einem weiteren Unfall verstärken und ihn so dazu treiben, sein Hobby aufzugeben. Damit ist jedoch die Chance auf einen dauerhaften Perspektivenwechsel vorüber. An diesem Beispiel zeigt sich letztlich die schützende Funktion Angst auslösender Gedanken, die aber stets den Nachteil mit sich bringen, das eigene Potenzial weiterhin nicht ausschöpfen zu können.

Deshalb gilt es, im Auge zu behalten, dass die Entwicklung bis zu einem bestimmten Punkt immer als wellenförmig wahrgenommen wird. Positive Veränderungen treten ein, aber Umstände können das erreichte Niveau übersteigen. In einer derartigen Situation fühlt es sich an, als habe keine Entwicklung stattgefunden. Erst wenn der ursächliche Gedanke von seiner emotionalen Triebkraft vollständig befreit ist, wird die neue Gewohnheit auch unter schwierigsten Bedingungen dominant bleiben, so dass die Impulse der Seele weiterhin in das Bewusstsein dringen und die notwendige Kraft für die Meisterung der Situation verleihen.

Da der Geist jeden Menschen in Abhängigkeit von seinem individuellen Erfahrungshorizont in anderer Weise begrenzt, finden sich die ersten Spuren für jeden »Hirten« an einer anderen Stelle. Gleichzeitig folgt daraus, dass jeder Mensch einen mehr oder weniger individuellen Weg beschreiten muss, um den »Ochsen« aufzuspüren sowie zu bändigen. Das bedeutet nichts anderes, als den ungeschulten Geist zu transformieren. Damit gilt für den Beginn der eigenen Bemühungen das Motto: Viele Wege führen nach Rom. Anders jedoch, als man vielleicht annehmen könnte, steht Rom in diesem Bild nicht für den transformierten Geist, sondern für den Augenblick, ab dem es dem Menschen möglich wird, sich kontinuierlich und systematisch spirituellen Praktiken, insbesondere der Mantra-Meditation, zu widmen. Intensive Meditation ist jedoch ein auch körperlich anstrengendes Unterfangen. Insofern bedarf es eines dosierten Einstiegs sowie einer sinnvollen Vorbereitung.

10 Der eigene Weg

Ein religiöses Leben kann als Weg verstanden werden, weil der Mensch in der Regel erst wieder lernen muss, Teil eines übergeordneten Holons zu sein. Anfangs mit dem Körper der Mutter verbunden, nach der Geburt drei weitere Jahre mit deren Aura, lernt das Kind zunächst sich selbst und sich als getrennt zu erfahren. Es hängt vor allem von den Eltern, aber auch vom näheren Umfeld ab, inwieweit das Gefühl des Verbundenseins durch die Entwicklung des Eigenbewusstseins wie in dichter werdendem Nebel schwindet. Beschleunigt wird dieser Vorgang, wenn die Eltern über kein tiefgehendes Verständnis der Zusammenhänge verfügen, keinen Bezug zu spirituellen Übungen haben oder in heutiger Zeit aufgrund mangelnden Wissens oder infolge der Ablehnung kirchlicher Institutionen den Wahrheitsgehalt religiöser Aussagen grundlegend anzweifeln. Von den weiteren Erfahrungen des heranwachsenden Menschen hängt es letztlich ab, ob ihm der intuitive Kontakt zu seinem unendlichen Kern, der Seele, in zunächst meist diffuser Weise (wieder) bewusster wird und eine handlungsleitende Dimension annimmt, die einem Reifungsprozess entspricht. Wird dieser mehr oder weniger zielstrebig verfolgt, setzt Entwicklung im Sinne von Fortschritt ein, der jeden Weg kennzeichnet.

Dieser Weg fällt für verschiedene Menschen unterschiedlich aus, weil mit und neben der jeweiligen individuell unterschiedlichen Ausgangslage auch die Fähigkeit sowie die Bereitschaft zur Transformation variieren. Je größer Belastungen waren oder je länger der Seele widersprechende Verhaltensmuster existieren, desto mühsamer ist es, diesen ihre Triebkraft zu nehmen und durch neue Gewohnheiten zu ersetzen. Es ist wie bei einer Kerbe: Je tiefer sich diese ins Holz zieht, desto schwieriger wird es, sie herauszuarbeiten. Yogi Bhajan hat dem über folgende Aussage Rechnung getragen: »Mache so schnell, wie du kannst, oder so langsam, wie du willst!« Dieser Hinweis ist ein wichtiger Schlüssel für den eigenen Weg, weil auch in diesem Zusammenhang gilt, dass viel nicht unbedingt viel hilft, sondern unter Umständen sogar Schaden anrichtet. Es gibt bspw. in manchen yogischen Traditionen den Akt der Berührung des Meisters, durch die der Schüler in einem einzigen Moment mit der extrem starken Energie in Kontakt gerät, die ein Meister in der Lage ist zu bündeln. Man darf davon ausgehen, dass Schilderungen von anschließender, auch lange anhaltender psychischer Überforderung zutreffen. Bei spirituellen Bemühungen ist es wie bei jedem anderen Einfluss auch, es gibt ein Zuviel. Ein Glas Wein kann anregend sein, den Geschmack eines guten Essens abrunden und die Verdauung befördern. Bei größeren Mengen folgen Gleichgewichts- sowie sonstige Störungen bis hin zu einem mehr oder weniger lange anhaltenden Kater am darauffolgenden Tag. Der Zweck der Mantra-Meditation liegt darin, tief in den Geist einzugreifen. Lässt man ihr die Zeit, langsam einzuwirken, sind die Auswirkungen durchgehend positiv. Meditiert man sehr intensiv, können einzelne Aspekte des zu transformierenden Geistes kurzzeitig dominant hervortreten. Ob man das aushalten möchte, hängt von der eigenen Bereitschaft ab, diesen Prozess in einer ausgeprägten Form zu durchlaufen. Auch wenn ein religiöser Weg immer eine grundlegende Auseinandersetzung mit dem Geist bis in tiefste Schichten bedeutet, entscheidet der einzelne Mensch stets selbst, was er zu einem bestimmten Zeitpunkt leisten kann und will. Er sollte zwar das Ziel nie aus den Augen verlieren, jedoch die einzelnen Schritte auf diesem Weg seinen individuellen Möglichkeiten anpassen.

»Der Weg ist das Ziel« ist eine vielschichtige Weisheit. Bezogen auf die Seele liegt das Ziel darin, deren Impulse klar wahrzunehmen. Ein Mensch, der es geschafft hat, den Anfang des Weges zu finden, lässt sich zumindest hinreichend von den eher unterschwellig gefühlten als bewusst wahrgenommenen Impulsen der Seele leiten, weil das Voranschreiten auf dem Weg, die Seele zu erblicken, durch deren Impulse veranlasst ist. Der Weg ist folglich identisch mit dem Ziel und fällt ab einem bestimmten Erfahrungsniveau zusammen. Bezogen auf die Ursache mangelnder Seelenschau, den ungeklärten Geist, lässt sich analog formulieren: Das Ziel liegt in der Transformation des Geistes, damit die Impulse der Seele klar erkennbar werden. Der Weg dorthin besteht darin, den Geist zunehmend zu transformieren, bis transformierender und transformierter Geist identisch sind. Bezogen auf die volitionale Ebene wird auch bei dieser Perspektive auf die innere Haltung hingewiesen und betont, dass die Motivation für die Bemühungen keinen Mittel-Zweck-Charakter aufweisen darf.

Der Weg ist nicht dazu da, Punkte zu sammeln oder damit das Ego von sich sagen kann, ein besserer Mensch geworden zu sein. Über diese Attitüde verfängt sich der Weg-Gehende in einem spirituellen Ego, das weiteren Fortschritt verhindert, weil es meist kaum durchschaubar ist. Der Geist gaukelt einem in diesem nicht bei jedem Übenden vorübergehenden Stadium vor, bereits am Ziel angekommen zu sein. Er ist quasi in ein Loch gefallen, aus dem es ohne Hilfe schwer ist, wieder herauszukommen. Zusätzlich weist die Aussage, »der Weg ist das Ziel«, auf einer handlungsbezogenen Ebene darauf hin, dass es immer nur auf die aktuelle Handlung ankommt. Daraus leitet sich ab, die zu leistenden Bemühungen überschaubar zu halten. Nicht selten neigt der Mensch angesichts eines großen Projekts dazu, sich nicht nur von den naheliegenden Schritten ablenken zu lassen, sondern sich aufgrund der scheinbar überfordernden Größe einer Aufgabe gänzlich von deren Verfolgung abzuwenden.

An dieser Stelle kommt eine positive Begleiterscheinung der Sichtweise, religiöses Leben als Weg zu betrachten, zum Tragen. Diese Perspektive impliziert unmittelbar, dass der Gehende – bildhaft gesprochen – noch nicht am Ziel sein muss! Er hat einen bestimmten Weg zurückgelegt und das ist gut, weil er nicht mehr dort ist, wo er stand, als er den Entschluss fasste, sich auf den Weg zu begeben. Es ist gut, auch wenn er noch nicht dauerhaft auf der Ebene der Verbundenheit aus selbstloser Liebe und in Mitgefühl handeln kann. Ein anderes Verständnis ergibt sich, wenn man kirchlicher Argumentation folgt, die auf die Unzulänglichkeit des Einzelnen fokussiert. An einem Beispiel soll dieser Unterschied verdeutlicht werden. Ein junger Mann rennt, winkend auf sich aufmerksam machend, zur Bushaltestelle. Er ist nur einen Meter von der bereits geschlossenen Tür des Busses entfernt, als dieser losfährt. Im Rückspiegel hat er erkennen können, dass der Busfahrer ihn durchaus gesehen hat. Aus Ärger ruft ihm der junge Mann eine Beschimpfung hinterher und macht zusätzlich über eine eindeutige Geste sichtbar, was er darüber denkt. Von einem strikten Standpunkt aus betrachtet liegt ein Fehlverhalten vor, weil er den Busfahrer beschimpft, statt Verständnis für diesen aufzubringen (selbstverständlich könnte der Busfahrer ebenfalls über sein Verhalten nachdenken). Bei dem jungen Mann hat sich wieder einmal gezeigt, dass der Mensch – an göttlichen Maßstäben gemessen – unzulänglich ist. Unterstellt, der junge Mann hätte sich für einen religiösen Weg entschieden, ließe sich ohne Wertung feststellen, dass sein Vermögen zur Nächstenliebe noch nicht ausreichend ist. Diesen Mangel als Vorwurf zu formulieren, ist jedoch etwas ganz anderes, als die Situation im Sinne einer Chance zu begreifen. Immerhin hat er sich authentisch und spontan verhalten, ohne jemandem nennenswert zu schaden. Das ist insofern besser, als den Ärger herunterzuschlucken, weil auf diese Weise verhindert wird, dass sich unterdrückter Zorn später in einer anderen Situation unangemessen Bahn bricht. Zudem birgt die aktuelle Situation das Potenzial für einen Fortschritt auf dem Weg des jungen Mannes. Wenn er die Gründe für seine Verärgerung reflektiert und sich dadurch ein Stückchen besser kennenlernt, wird ihm das einen weiteren Schritt ermöglichen.

Neben der über eine Reflexion eigenen Verhaltens angestoßenen Entwicklung findet sich bspw. im Katholizismus ein System der Buße. Über die reflektierte Erkenntnis hinaus, in deren Folge es zu einer Beichte kommt, wird es möglich, durch Auferlegung einer Buße von der Schuld der Tat unmittelbar befreit zu werden. Während in den östlichen Religionen die Karma-Lehre dazu führt, dass einmal gesetzte Ursachen (positive wie negative) für den Verursacher eine Wirkung (entsprechend positiv oder negativ) entfalten werden, kann mittels einer Buße dieser Kreislauf unterbrochen werden. Man könnte von einem Reset sprechen, der allerdings nur dann stattfindet, wenn ehrliche Reue hinter der Beichte steht, mit der ein entsprechender Veränderungsprozess auf geistiger Ebene verbunden ist. Insofern kann dieses System das individuelle Voranschreiten durchaus beschleunigen und daher einen nicht unerheblichen Einfluss auf den eigenen Weg nehmen. Aber es ist in diesem System besonders wichtig, Übertreibungen und Manipulationen zu vermeiden, weil auch ein (unkontrolliertes) schlechtes Gewissen letztlich mit der Gefahr verbunden ist, die Impulse der Seele nur verzerrt wahrzunehmen. Die richtige, weil notwendige Ausgewogenheit zu gewährleisten, liegt nicht nur in der Verantwortung des Einzelnen, sondern im Besonderen auch in derjenigen der führenden Geistlichen. Das Verteufeln von Fehlern führt über dieses System zu einer überschießenden Selbstbezichtigung, die meist in einer rigorosen Verurteilung anderer Menschen endet, die das gleiche Fehlverhalten zeigen. Eine Negativspirale setzt ein und das eigentliche Ziel, sich der Ebene der Verbundenheit zu nähern, die sich auch in einem angemessenen Maß an Verständnis ausdrückt, wird zunehmend aus dem Blick verloren. Der eigene Weg ist folglich immer eine Gratwanderung, bei der es gilt, das Vertrauen in sich selbst und die Einsicht zur Veränderung in einem gesunden Gleichgewicht zu halten.

Die positiven Wirkungen einer Buße verfangen nur, wenn der vorausgehende Reflexionsprozess durch eine Praktik begleitet wird, die den Geist auch in der Tiefe transformierend beeinflusst. Ansonsten verpufft der zeitliche Vorteil wieder. Daher ist für die Begehung eines religiösen Weges zusätzlich zur Einhaltung spezifischer sakraler Elemente und Rituale die Durchführung individuell geeigneter spiritueller Übungen erforderlich. Diese müssen jedoch zu der eigenen Geisteskonfiguration passen. Letztlich spiegelt die Notwendigkeit zu einer passenden spirituellen Praktik noch einmal die Individualität des eigenen Weges. Mit welcher Art von Übungen der eigene Weg beschritten werden kann, soll in den nächsten Kapiteln anhand einer Differenzierung in komplette, exemplarische und improvisierte Systeme zumindest skizziert werden.

11 Komplette Systeme

Bei kompletten Systemen handelt es sich um spirituelle Übungssysteme, die über alle notwendigen Arten von Praktiken verfügen, um das Ziel der Seelenschau zu erreichen. Grundsätzlich müssen daher keine Übungen von anderen Systemen hinzugenommen werden, um insbesondere den Geist in seiner Tiefe zu transformieren. Yoga soll als Beispiel für ein komplettes System in seinen Grundzügen ausgeführt werden. Vorweg ist darauf hinzuweisen, dass es nicht ein Yoga gibt. Unter diesem Begriff wird eine Vielzahl von Übungsformen zusammengefasst, die letztlich zum Ziel haben, die Seele zu schauen. Zu beachten ist, dass sich seit Mitte des 19. Jahrhunderts moderne Formen entwickeln und insbesondere im Westen inzwischen eine Reduzierung auf einzelne Aspekte stattfindet, über die zwar immer noch Entspannung, Vitalität und körperliche Fitness verbessert, aber die weitergehenden Ziele nicht mehr erreicht werden.

Ganz allgemein vermittelt Yoga das Wissen, wie der Mensch seine geistigen Fähigkeiten erweitern kann, um über einen Gleichgewichtszustand seine physische Struktur zu kontrollieren und sein unendliches Selbst, seine Seele, zu erfahren. Eine Yoga-Praxis lässt sich hierfür in einen achtfachen Pfad auffächern, dessen Formulierung auf Patañjali zurückgeht. Verhaltensregeln und Selbstdisziplin beziehen sich auf den Alltag. Beide sind notwendig, um

Werte der Unsicherheit und Trennung durch solche der Liebe sowie des Mitgefühls zu ersetzen und darauf aufbauend neue Gewohnheiten zu entwickeln. Körperhaltungen sowie Atemführung sind die körpernahen Aspekte einer Yoga-Praxis. Die angestrebte Sinnenbeherrschung zielt darauf ab, das Innenleben an Kraft gewinnen zu lassen, damit sich die Sinne für ein tieferes Wahrnehmen öffnen können. Über Konzentration und Meditation wird der Geist geschult, bis Samadi erfahren wird. Dabei handelt es sich um einen Bewusstseinszustand, in dem die Seele ungetrübt durch den Geist strahlt, weshalb der Begriff auch mit Erleuchtung gleichgesetzt wird. Weniger religiös anmutende Formulierungen hierzu sind, in der eigenen Mitte zu ruhen oder vom eigenen Ego befreit zu sein. Alle diese Bezeichnungen bedeuten aber zumindest in ihrer maximalen Ausprägung dasselbe.

Auf das Kundalini-Yoga nach Yogi Bhajan wird ausführlicher eingegangen, weil es sich durch mehrere Vorteile auszeichnet. Die Techniken, die diese spezielle Form des Yogas beinhaltet, sind sicher. Das heißt, sie können grundsätzlich von jedem ohne die Gefahr, sich zu verlieren, (mit Rücksicht auf den individuellen Gesundheitszustand) praktiziert werden. Vor allem vermittelte Yogi Bhajan exakt, was wie und wie lange geübt werden muss, um eine bestimmte Wirkung zu erzielen. Auch wenn es darum geht, die Übungen möglichst präzise auszuführen, weisen sie einen Toleranzspielraum auf, innerhalb dessen sich immer noch eine gute Wirkung einstellt, auch wenn der Wirkungsgrad nachlässt. Insofern kann selbst der weniger ge-

lenkige oder körperlich ungeübte Anfänger verhältnismäßig früh positive Veränderungen bei sich feststellen. Zudem ist die Methode so flexibel strukturiert, dass sie sich
insbesondere auch von berufstätigen oder anderweitig
zeitlich eingeschränkten Menschen relativ einfach in den
Tagesablauf integrieren lässt.

Der grundlegende Aufbau eines vollständigen Sadhanas,
einer zur täglichen Praxis gewordenen Übungsstunde,
gliedert sich in ihrer Basisform in eine Atemübung
(Pranayama), in ein Set von Körperübungen (Kriya) und eine (oder mehrere) Mantra-Meditation(en). Diese scharfe
Trennung gilt nur auf übergeordneter Ebene, während die
einzelnen Übungen meist auch Elemente der anderen
enthalten. Alle drei Teile klären den Geist, wobei die
Atemübung gleichzeitig die Sauerstoffversorgung der Zellen verbessert und den Prana-Fluss verstärkt. Hierdurch
werden die Körperübungen in ihrer Ausführung unterstützt. Die Körperübungen, für sich bereits eine körperbe-
tonte Meditation, führen durch ihre solide Belastung sowie Dehnung der verschiedenen Muskelgruppen zu einer
tiefen Entspannung. Daher wird über die Körperübungen
nicht nur die Grundlage geschaffen, physisch den Belastungen einer längeren Meditationszeit gewachsen zu sein.
Die herbeigeführte Entspannung erleichtert zudem, mittels Meditation in noch tiefere Schichten des Geistes vor-
zudringen, weil der entspannte Körper weniger Anreize für
eine fortgesetzte Gedankentätigkeit schafft. Aufgrund der
Möglichkeit, die einzelnen Übungsteile individuell zu gewichten, lässt dieses System von Anfang an eine individu-

elle Passung zu. Der eine benötigt zu Beginn einen höheren Anteil an Atemübungen, um sich genügend Atemvolumen für die Rezitation eines Mantras zu erarbeiten. Den anderen erden verstärkte Körperübungen, damit die subtileren Kräfte, die in der Mantra-Meditation freigesetzt werden, zu keiner Überlastung führen. Durch eine Vielzahl von Atem- und Körperübungen sowie (Mantra-)Meditationen lässt sich das System zusätzlich an der spezifischen geistigen Struktur des Übenden ausrichten. In Abhängigkeit von der Geisteskonfiguration zeigen sich unterschiedlich ausgeprägte Schwachstellen, die mit ihnen entsprechenden muskulären Schwächen oder Versteifungen einhergehen. Diese müssen behoben werden, um das Holon Mensch in einen nicht nur oberflächlich entspannten und ausgewogenen Zustand zu versetzen, in dem erst die vollständige Wirkung der einzelnen Übungen zum Tragen kommen kann. Deshalb ist es unerlässlich, individuell abgestimmte Übungen auszuwählen, um sinnvoll auf dem eigenen Weg voranzuschreiten. Es ist wie bei jeder anderen Übung auch. Wenn der Bäcker stets nur dasselbe Brot backt, wird er dieses Können vertiefen, aber seine Fertigkeiten nicht erweitern.

Yogi Bhajan war Sikh und Repräsentant dieser monotheistischen Religion in der westlichen Hemisphäre. Entsprechend finden sich viele Mantren, die aus diesem Kontext stammen. Dennoch hat er stets betont, dass auch dieses Yoga von jedem Menschen genutzt werden kann – ob Sikh oder nicht. Das erklärt sich neben der einheitlichen Definition von Religion (Rückschau auf die Seele als individuellem Ursprung) auch über den Wegaspekt der Verhaltensregeln. Der Mensch benötigt insbesondere zu Beginn seiner Entwicklung ein Ideal, an dem er sich ausrichten kann. Die Verhaltensregeln, die hier maßgebend sind, wurden von Menschen formuliert, die ihre wahre Identität erfahren haben, und sind Ausdruck eines Verweilens auf der Ebene der Verbundenheit. Ergänzt werden sie von Verhaltensempfehlungen, die dazu beitragen, diese Ebene zu erreichen. Unter diesem Aspekt geht es bspw. darum, sein Leben ehrlich und offen zu gestalten, nicht auf Besitz fixiert zu sein oder auf Gewalt zu verzichten. Im christlichen Kontext wird auf die Vermeidung der Todsünden ver- oder auf die 10 Gebote hingewiesen. Im Ergebnis mögen die Formulierungen in verschiedenen Kulturen anders ausfallen, aber ihre Essenz ist immer auf die Ebene der Verbundenheit gerichtet und somit identisch. Diese Logik ist der Verbundenheit immanent und wahrhaftig. Insofern lassen sich die Übungen des Yogas mit allen Wertesystemen bzw. religiösen Bemühungen verbinden, ohne deren spezifische Elemente infrage zu stellen. Zu Irritationen kommt es nur dort, wo sich Elemente, Strukturen, Ansichten oder Verhaltensweisen sowie -anweisungen aufgrund institutioneller oder menschlicher Interessen respektive Unzulänglichkeiten ausgebildet haben, die kein Ausdruck der Verbundenheit sind. Das jedoch wird im Laufe der Anwendung einer den Geist wirksam transformierenden Übung früher oder später ins Bewusstsein dringen.

Angesichts dieser Universalität stellte Yogi Bhajan immer wieder heraus, dass es sich bei Yoga vor allem um eine wissenschaftliche Technik handele. Das überrascht vielleicht, weil unter einer Wissenschaft zunächst eine akademische Disziplin verstanden wird. Wissenschaftlich ist ein Vorgehen jedoch immer dann, wenn es sich reproduzieren lässt. Das ist in besonderer Weise für das Kundalini-Yoga nach Yogi Bhajan der Fall, weil er präzise angegeben hat, welche Wirkung nach welcher Zeitdauer durch welche Übung eintritt. Die erforderliche »Wenn-dann«-Beziehung ist formuliert und hat sich über lange Zeiträume bestätigt. Voraussetzung bleibt jedoch die exakte Einhaltung der beschriebenen Parameter.

Aufgrund dieser präzisen Angaben und der damit verbundenen Transparenz der Übungsinhalte lässt sich dieses Yoga-System sehr flexibel an die Bedürfnisse des Einzelnen anpassen. Trotzdem findet nicht jeder, der eine Klärung seines Geistes anstrebt, sofort einen Zugang zu dieser Art von Übungen. Einerseits kann das durch mangelndes Verständnis, Halbwissen oder Vorurteile bedingt sein. Andererseits gibt es eben doch auch Geisteskonfigurationen, die von der Art der Übungen, insbesondere dem stillen Sitzen während vieler Atemübungen und Meditationen, sowie deren Wirkungen zunächst nicht angesprochen werden. Falls ein anderes komplettes System nicht zur Verfügung steht oder ebenfalls (noch) nicht geeignet ist, kann ein weniger vollständiges System helfen, indem es zunächst eine Veränderung einleitet, die den Boden für weitergehende Bemühungen bereitet.

12 Exemplarische Systeme

Ein exemplarisches System verfügt über eine Struktur, die es dem Übenden ermöglicht, anhand eines bestimmten Aspekts etwas über sich zu lernen und zu verändern. Im Gegensatz zu kompletten Systemen fehlt eine Praktik, um den Geist in tiefen Schichten zu transformieren. Eine Änderung bewusstseinsnaher Bereiche ist jedoch möglich und kann den Impuls liefern, die fehlenden Übungen zu ergänzen oder in ein komplettes System zu wechseln.

Beispielhaft soll Karate-Do (der Weg der leeren Hand) als exemplarisches System angeführt werden. Es ist besonders geeignet, weil es unter anderem gilt, sich mit der Angst vor einer Niederlage, einer Verletzung oder dem Tod auseinanderzusetzen. Ursprünglich zur Selbstverteidigung konzipiert, hat sich Karate im Laufe der Jahrhunderte zu einem Weg entwickelt, der zum Ziel hat, sich selbst zu erkennen. Während die Verbreitung über eine sportliche Interpretation forciert wurde, ging dieses Ziel und dessen tieferes Verständnis in der Breite ein wenig verloren. Zusätzlich erfolgte in den neunziger Jahren des letzten Jahrhunderts erneut eine stärkere Hinwendung zu selbstverteidigungsnahen Trainingsinhalten. Das muss als Reaktion der Karateverbände auf die stärker werdende Konkurrenz durch andere Kampfsysteme verstanden werden, deren Trainingsmethodik schwerpunktmäßig an Kampfbedürfnissen ausgerichtet ist. Diese Volte ist aufgrund eines doppelten Effekts kritisch zu betrachten. Der Antrieb für eine schwerpunktmäßige Übung der Selbstverteidigung liegt in einer Angst, die durch die Übungen in bewusstseinsnahen Bereichen suspendiert, aber nicht in der Tiefe aufgehoben wird. Aufgrund der Kommunikation, Selbstverteidigung stärker berücksichtigen zu müssen, setzt sich die Angst über den kollektiven Geist im individuellen noch stärker fest. Die Betonung der Selbstverteidigung wirkt somit zunächst kontraproduktiv und bedeutet einen Rückschritt in der Entwicklung des Karates hin zu einer Übungsform, die den Boden für Verbundenheit bereiten kann und soll. Solange sich der Einzelne jedoch die passenden Bedingungen schafft, ist Karate ein sehr hilfreiches Mittel, um über die Auseinandersetzung mit Sieg und Niederlage einen wirkmächtigen Teilaspekt seiner Persönlichkeit sowie das Prinzip für Veränderung zu verstehen.

Hierzu wird genutzt, dass Karate über eine Vielzahl koordinativ schwieriger Bewegungen verfügt. Um diese korrekt auszuführen, müssen Anfänger und Fortgeschrittene die andersartigen Bewegungsabläufe sehr genau beobachten. Während es zuweilen hilfreich sein kann, einen Spiegel zu verwenden, um sich auch visuell zu kontrollieren, liegt das Hauptaugenmerk jedoch auf der *inneren* Wahrnehmung. In der Grundschule (Kihon) werden Einzeltechniken und Kombinationen ohne Partner geübt, um deren Koordination, später deren Geschwindigkeit und Kraftabschluss zu verbessern. Im Idealfall verschmilzt die innere Wahrnehmung mit der körperlichen Ausführung, wodurch sich die Konzentrationsfähigkeit des Übenden erhöht. Gleichzeitig realisiert er auf einer einfachen, weil fühlbar körperlichen Ebene, wie Bewusstheit zu Verstehen führt, das Veränderung ermöglicht.

Dieses allgemeine Prinzip kann der Karate-Übende von der körperbezogenen Ebene lösen. Das geschieht, wenn er sich damit auseinandersetzt, warum einzelne Bewegungen nicht mit der möglichen Lockerheit ausgeführt werden. Der damit einhergehende Mangel an Geschmeidigkeit und Eleganz ist auch auf die geistige Konfiguration des Praktizierenden zurückzuführen. Neben den für bestimmte Muskelgruppen spezifischen Faktoren ist ein Zuviel an Wollen dafür verantwortlich. Ein übermotiviertes Wollen ist ein im Verstand kontraproduktiv angestoßener Gedanke, der sich in der Muskulatur niederschlägt, weil er das Entspannen der Antagonisten innerhalb einer Bewegung verhindert. Die sichtbare Folge bildet eine langsamere, verkrampfte Bewegung. Dieser Übergang zur Wahrnehmung von Phänomenen, die durch den Geist hervorgerufen werden, setzt sich in den vielfältigen Partnerübungen (Kumite) fort. In den einfachen Vorübungen bis hin zum freien Kampf findet auch jedes Mal eine Auseinandersetzung mit Gedanken sowie Emotionen statt, die durch Gegner und Situationsmerkmale verursacht werden. Nur wenn die Hand in Form des Geistes leer wird, handelt der Kämpfende angstfrei und effizient.

Um das Loslassen von Gedanken zu fördern, bringt die Übung von festgelegten, längeren, in sich abgeschlossenen Bewegungsabläufen (Kata) eine zusätzliche meditative

Komponente in das Training, falls diese Formen in bestimmter, sehr intensiver Weise praktiziert werden. Diese Übung bildet letztlich den Übergang von der körper- und kampfesorientierten Fokussierung zu einer Innenschau, die sich auf Aspekte der gesamten Persönlichkeit ausweitet. Die geistige Ruhe im Übungsraum nimmt dadurch nochmals zu und weitet sich im Alltag auch auf andere Situationen aus. Allerdings bleibt diese aufgrund der konzeptionellen Rahmenbedingungen angreifbarer, als das durch eine mittels sitzender Meditation gefestigten der Fall ist. Daher wenden sich Karate-Do-Praktizierende häufiger der Zen-Meditation zu. Die Wirkung der von Laien praktizierten Grundform geht im Allgemeinen über das Maß einer bewegungszentrierten Meditation hinaus, kann jedoch – wie oben bereits ausgeführt wurde – nicht den Wirkungsgrad einer Mantra-Meditation erreichen.

Neben dem biomechanischen Ideal, das eine objektive Kenngröße im Vergleich zu den eigenen Fertigkeiten angibt, haben auch die alten Meister dieser Kunst Verhaltensregeln formuliert, an denen sich die Übenden auf einer geistigen Ebene ausrichten können. Zudem wurden bspw. Impulse aus Texten der Zen-Buddhisten oder Taoisten aufgenommen, um die Entwicklung einer Kampfmethode zu einer Kampfkunst auf metaphysischer Ebene zielfokussiert abzusichern. Der Unterschied besteht darin, dass im Verständnis einer Kampfmethode jeder gewonnene Kampf einen Sieg bedeutet, während ein Sieg aus der Perspektive einer Kampfkunst gerade in der Vermeidung eines Kampfes liegt. Dies trägt dem Umstand Rechnung, dass jeder Kampf, egal wie schonungsvoll mit dem Aggressor umgegangen wird, ein Verlassen der Ebene der Verbundenheit bedeutet.

In dieser Aussage ist erst einmal keine Wertung enthalten. Ein Akt der Selbstverteidigung in einer gänzlich unverschuldeten Situation muss nicht verwerflich sein. Infolgedessen ist auch ein richtig ausgerichtetes Kampftraining für manche Menschen in einer frühen Phase der Entwicklung eher von Vorteil. Wenn ein Mensch zu kämpfen lernt, wird einer falschen Motivation bei der Vermeidung von Auseinandersetzungen vorgebeugt. Nicht selten liegt diese nicht in einer inneren Ruhe, sondern in der Angst vor einer (auch nur inneren) Konfrontation. Diese gebotene Interpretation darf jedoch keine Missverständnisse verursachen. Sobald sich das Vermögen zur Selbstverteidigung insgeheim dem Ideal einer den Mitmenschen dominieren wollenden Stärke anbiedert, hängt der individuelle sowie kollektive Geist unterhalb der Ebene der Verbundenheit fest. Grundsätzlich anders ist die Situation zu beurteilen, wenn es in einer religiösen Gruppe, die sich gegen Aggressoren verteidigen musste, Mitglieder gab, die sich zum Wohle der anderen zu Kämpfern ausbilden ließen. Geschah das einzig zu dem Zweck *physischen* Schutzes in einem Verteidigungsfall, entsprang ihre Motivation einem Wunsch des Dienens, der zumindest Ausdruck von (begrenzter) Verbundenheit ist. Umgekehrt verfielen die übrigen Mitglieder nicht in eine verherrlichende Haltung kämpferischer Stärke, solange sie sich in Dankbarkeit des Opfers bewusst waren, das die kämpfenden Mitglieder (aufgrund des von ihnen möglicherweise im Kampf verursachten Karmas) zum Wohl der Gruppe leisteten.

Trotz vieler Irrwege, die sich aus der Anwendung von Kampfkünsten als spirituelle Bemühungen ergeben, können diese ein probates Mittel für einen Anfang darstellen. Erstens beginnen sie mit dem Verständnis für die innere Wahrnehmung auf der Körperebene, die verhältnismäßig leicht überprüft werden kann. Zweitens ist die Auseinandersetzung mit der bei vielen Menschen tiefsitzenden Angst, Gesundheit oder Leben zu verlieren, sehr zweckdienlich. Es bedeutet eine erhebliche Erleichterung im Alltag, in bestimmten Situationen in der Überzeugung handeln zu können, nicht ernsthaft bedroht zu sein. Drittens führt das körperzentrierte Training zu einer gesunden Erdung, weil das Wurzeln der Füße im Boden einen wesentlichen Aspekt darstellt. Zudem lässt das physisch anstrengende Training die Möglichkeit zu, die gedachten Grenzen der eigenen Leistungsfähigkeit zu überschreiten. Ein in der Folge starker Wille sowie Disziplin sind Elemente, die ausgesprochen hilfreich für weitergehende Bemühungen sind.

Es muss jedoch klar werden, dass ein gespürter Mangel an Fortschritt ab einem bestimmten Punkt nicht durch eine Ausweitung des Kampftrainings alleine erreicht werden kann. Um die letzten Schritte zu tun, bedarf es einer Praktik, die den Geist in seinen Tiefen erreicht. Dass es ohnehin nicht auf den äußeren Kampf ankommt, zeigen neben Weg-Künsten wie Ikebana (Blumenstecken) unter anderem auch improvisierte Systeme.

13 Improvisierte Systeme

Grundsätzlich ist es möglich, jede Aktivität in eine spirituelle Bemühung zu verwandeln. Im heutigen Informationszeitalter sind entsprechende Hinweise verhältnismäßig leicht verfügbar. Als Blaupausen können die im vorherigen Kapitel anhand des Karate-Do beschriebenen Weg-Künste dienen. Insbesondere hilft die zugrunde liegende zen-buddhistische Literatur, sich frei von einer durch eigene Vorurteile belegten Begrifflichkeit auf die Suche zu begeben. Auf diese Weise lassen sich eventuell vorhandene Hemmnisse umgehen, die sich aufgrund religiöser Bezugnahmen einstellen, sich aus der aktuellen Situation des eigenen Geistes ergeben oder lediglich der Uneingängigkeit sowie Unverständlichkeit der diesbezüglichen Erklärungen geschuldet sein können.

Die Grundlage der Weg-Künste ist das exemplarische Lernen. Soweit sich das überhaupt in dieser Trennschärfe abgrenzen lässt, gilt es zunächst den Dreiklang »Bewusstheit, Verstehen, Veränderung« anhand körperlicher Vorgänge zu verinnerlichen. Das ist grundsätzlich bei jeder Tätigkeit möglich. Man denke nur an den Straßenfeger in Michael Endes »Momo«. Sportliche Disziplinen eignen sich hierfür im Besonderen. Jede Ganzkörperbewegung ist komplex genug, um über eine genaue Analyse hinsichtlich der Bewegungsqualität ausreichend Entwicklungspotenzial zu bieten. Es sollte sich um eine Sportart handeln, deren Be-

wegungen mit wenig Aufwand auch sehr langsam aus-
führbar sind, weil ansonsten der notwendige Grad an Bewusstheit kaum erreicht werden kann. Darüber hinaus
stellt die Ganzjährigkeit eine weitere wesentliche Bedingung dar, weil sich ansonsten im physischen Bereich immer wieder Rückschritte einstellen und die Pausen keinen
kontinuierlichen Übergang in den psychischen Bereich erlauben. Die Unterbrechung einer regelmäßigen Tätigkeit
im Sinne einer Gewohnheit führt in der Regel zu deren
Verschwinden. Damit geht nicht nur die zugrunde liegende Disziplin verloren. Gleichzeitig kann sich die gewonnene Disziplin nicht zu Hingabe entwickeln, worin jedoch ein
wichtiger Schritt liegt, um eine bloße Übung in eine Weg-
Übung zu verwandeln. Zudem sollten Darstellungen über
die korrekten Bewegungsabläufe verfügbar sein, um einen
körperbezogenen Vergleich zum Optimum durchführen
zu können. Ganz allgemein empfehlen sich Sportarten mit
einer begrenzten Anzahl relevanter Bewegungsabläufe.
Individualsportarten bieten zunächst den Vorteil, dass
Struktur und Belastungsintensität frei bestimmbar bleiben
und den individuellen Erfordernissen angepasst werden
können. Mannschaftssportarten eignen sich aufgrund ihrer kompetitiven Ausrichtung ebenfalls. Einzelne Elemente
müssen jedoch ähnlich wie die Grundschule beim Karate
in selbständigen Übungseinheiten herausgegriffen und
sehr intensiv trainiert werden.

Ein Beispiel soll die abstrakten Ausführungen konkretisie-
ren. Vorausgesetzt, ein Hallenschwimmbad steht mit einer
abgetrennten Schwimmerbahn in der Nähe zur Verfü-

gung, eignet sich Schwimmen in sehr guter Weise. Es handelt sich um eine Ganzkörperbelastung. Die Bewegungen beim Freistilschwimmen sind nicht zu komplex und können in verschiedenen Tempi ausgeführt sowie in einzelne Anteile zerlegt werden. Hinzu treten die Koordination der Atmung passend zur Armbewegung und eine gute Wendetechnik inklusive einer korrekten Abdruckbewegung von der Wand mit anschließender Tauchphase. Literatur oder Einführungskurse sind mehr als ausreichend vorhanden. Insbesondere das richtige Ziehen der Arme bietet hinreichend Entspannungspotenzial. Manch einer ist sich nicht bewusst, den Arm aus dem Wasser zu strecken und wie ein Fallbeil wieder fallen zu lassen, obwohl der Ellenbogen den höchsten Punkt oberhalb der Wasseroberfläche bilden sollte. Anfänger, die sich diese Bewegung selbst beibringen, achten deshalb häufig sehr betont auf den Ellenbogen, »legen« aber den Unterarm förmlich ins Wasser zurück. Daran ist abzulesen, dass Unterarm und Hand nicht entspannt sind, obwohl die Muskulatur in diesem Bewegungsabschnitt regenerieren sollte. An dieser Stelle kann demnach bereits eine Auseinandersetzung mit dem eigenen Geist einsetzen, der letztlich über verschiedene Wege für diese Verspannung verantwortlich ist. Über eine Veränderung von Tempo und Atemintervall lässt sich zudem in einfacher Weise eine Atemübung in jede Übungseinheit einbauen. Intensiviert werden kann diese zudem durch längere Tauchphasen.

Wenn Bewusstheit und Verstehen mit der Zeit zu einer harmonischen Bewegung geführt haben, avanciert das

Langstreckenschwimmen zu einer konzentrativen bis meditativen Übung. Der Geist hat wieder Kapazitäten frei, sich mit anderen Dingen zu beschäftigen. In dieser Phase tendieren Jogger dazu, beim Laufen Musik zu hören, weil sich ansonsten ein Gefühl der Langeweile einstellt. Im Wasser muss notgedrungen mit diesem Gefühl umgegangen werden. Eine geistige Auseinandersetzung damit oder auch nur ablenkende Gedanken können sehr leicht dazu führen, sich hinsichtlich der geschwommenen Bahnen zu verzählen. Weil es aber nicht nur darum geht, vor sich hin zu schwimmen, sondern eine bestimmte Strecke im Wasser zurückzulegen, ist das verpönte Kachelzählen, gemeint ist eigentlich das Bahnenzählen, ein Aspekt der Konzentration, die geübt werden kann. Gelingt auch das, verschmelzen Bewegung, Atmung und Bewusstsein zu einer Einheit. Ab diesem Zeitpunkt ist das Schwimmen zu einer meditativen Übung geworden, die den Geist zur Ruhe bringt. Schließlich stellt sich die Erfahrung ein, körperlich entspannt und geistig erfrischt zu sein.

Der Übende kann sich nun mit dem Erreichten zufriedengeben oder sich den Grund für die geistige Erfrischung vor Augen führen und nach den Ursachen forschen, die zur ermüdenden Unruhe des eigenen Geistes führen. Unter Berücksichtigung der gewählten Literatur ergibt sich ein sukzessiven Fortschritt bewirkendes Wechselspiel aus Aktivität, Verstehen des eigenen Geistes und einem Anspruch, der sich an idealen Verhaltensweisen ausrichtet. Insbesondere die Unterordnung der eigenen Bequemlichkeit unter den Übungsplan sowie der Verzicht auf anderweitige Ausreden lässt eine gesunde Form der Disziplin entstehen. Selbst wenn die Motivation anfangs auch durch eine verbesserte Leistungsfähigkeit im Vergleich zu anderen getragen oder mitgetragen war, wird sich diese im Zusammenspiel mit der Akzeptanz und Übernahme einer neuen Wertebasis verändern. Diese neue Gewohnheit wächst, sobald einem bewusst wird, wie sehr die Übung der Seele dient. Es setzt ein Empfinden ein, durch das die Disziplin in Hingabe übergeht. Spätestens damit ist die einfache Übung zu einer Weg-Übung geworden, die im Rang den Weg-Künsten im Sinne exemplarischer Systeme kaum nachsteht. Ein rein körperliches Training ist Bestandteil einer spirituellen Bemühung geworden. Auf diese Weise trägt es bis zu einem gewissen Grad dazu bei, Verhaltensweisen zu verändern, die Ausdruck eines nicht transformierten Geistes und damit äußerlicher Indikator für die mangelnde Rückschau auf die eigene Seele sind.

Ebenso wichtig wie bei den exemplarischen Systemen ist es, sich zu vergegenwärtigen, dass die Transformation zunächst auf einen Ausschnitt der Persönlichkeit sowie in seiner Tiefe begrenzt bleibt. Eine Erweiterung kann allerdings bereits innerhalb der Sportart erfolgen, wenn man sich einem Wettkampf stellt, über den weitere Anteile des Geistes involviert werden. Das tritt zwar in der Regel weniger deutlich hervor als bei den Kampfkünsten, ist aber für den Einzelnen je nach Geisteskonfiguration wie meist auch in anderen prüfungsähnlichen Situationen zu erfahren. Mannschafts- sowie Individualsportarten lassen sich folglich sogar in dieser Hinsicht sehr gut nutzen. Beim

Fußball reduziert sich bspw. bei den Spielern einer Mannschaft die Passgenauigkeit in einer kritischen Phase. Die Schützin eines Elfmeters wird plötzlich fahrig und verschießt. Ein Basketballer erhält kurz vor Schluss den möglicherweise entscheidenden Strafwurf zugesprochen und vergibt, weil er die Muskulatur aufgrund der Nervosität nicht mehr richtig koordinieren kann. Immer wieder stehen Tennisspielerinnen vor einem Überraschungssieg gegen eine der »Großen«. Aber nur wenige Ballwechsel vor dem möglichen Erfolg treffen sie den Ball nicht mehr exakt, so dass sich die Partie doch noch dreht. Es ist nichts anderes als der Geist, der sich mit angstbesetzten Gedanken zwischen Körper und Ball schiebt. Die Handlung im Hier und Jetzt zerfällt, wodurch Kraft und Präzision verloren gehen, während bis dahin die Spielerin (in der Regel ohne es überhaupt zu wissen) durch die Präsenz der Seele in Form von Energie und Intuition gestärkt wurde.

Letztlich zeigt die durch den Geist hervorgerufene, verminderte Bewegungsqualität dem Übenden auf der körperlichen Ebene, wie ungünstig der ungeschulte Geist Einfluss (auf jede Situation) nimmt. Man könnte davon sprechen, dass dieser entlarvt wird. Ist aber der Bereich des Geistigen für eine Veränderung erst einmal bereit, entfaltet die körperliche Übung weitergehende auf den Geist gerichtete Transformation. Zu irgendeinem Zeitpunkt wird auch in diesen Fällen die Hinzunahme von Techniken der kompletten Systeme nicht ausbleiben (können), sollen bewusstseinsnahe Veränderungen in den Tiefen des Geistes abgesichert werden, um die Seele klar zu schauen und auf diese Weise das eigene Potenzial voll auszuschöpfen. Löst man an dieser Stelle die Betrachtung von der Art der Übung, treten zwei Faktoren in den Vordergrund, die für den Fortschritt – und damit für ein religiöses Leben – entscheidend sind: die Quantität und die Qualität der Übung respektive der spirituellen Bemühungen.

14 Quantität und Qualität

Im Kontext des Themas »Religion« überraschen die beiden Begriffe zunächst. Doch nüchtern betrachtet ist es kaum anders als beim Hochsprung. Die durch spirituelle Bemühungen angestoßene Transformation des Geistes führt zu einer Anhebung des Bewusstseins. In beiden Fällen ist Übung notwendig, weil spezifische Entwicklung in keinem Fall ein Selbstläufer ist. Es bedeutet beharrliche Arbeit, die Impulse der Seele zur vollständigen Entfaltung seines menschlichen Potenzials klar zu schauen. Sich eine nüchterne Input-Output-Rechnung vor Augen zu führen, hilft nicht nur dabei, in schwierigen Situationen das Vertrauen in den eigenen Weg zu bewahren, sondern ermöglicht zudem eine realistischere Selbsteinschätzung hinsichtlich des Erreichten.

Um die Bedeutung der Qualität zu veranschaulichen, sollen zunächst zwei Äußerungen betrachtet werden. Ein Yoga-Ausbilder mit dreißig Jahren Meditationserfahrung fängt auf einem Informationsabend ohne Grund an, Bemerkungen über die Dummheit seiner Arbeitskollegen zu machen. Mutter Theresa sagt hingegen nach einem Leben im Dienst für andere, sie habe das Gefühl, ihr Herz sei immer noch aus Eis. Analysiert man beide Weisen, sich mitzuteilen, wird die Bedeutung von Qualität offenbar, die sich hinsichtlich der eigenen Bemühungen erst einstellt, wenn ein Vergleich mit einem definierten Optimum erfolgt. Das gilt auf der physischen Ebene, indem Bewegungsmuster am biomechanischen Ideal ausgerichtet werden. Das gilt aber gleichfalls auf geistiger Ebene bezogen auf Reaktionsmuster und Verhaltensweisen, die der obersten Maxime zu selbstloser Liebe und Mitgefühl entsprechen müssen. Jegliche Einschränkung schafft den Raum für Ausreden, durch die eine Übung in ihrer Wirkung auf den Fortschritt reduziert oder gänzlich aufgehoben wird. Während Mutter Theresa ihr Empfinden ins Verhältnis zu grenzenloser Liebe setzte, hat sich der Yoga-Ausbilder offenbar Ausreden geschaffen, um hiervon abzuweichen. Dabei liegt das Problem nicht darin, Dummheit als solche zu benennen. Diese kommt leider immer wieder objektiv gesehen vor. Dennoch spiegelt sich in der zur Situation nicht passenden Äußerung ein gewolltes Abweichen vom Ideal, das den Fortschritt des Yoga-Ausbilders begrenzt hat und unter Umständen weiterhin begrenzen wird.

Die notwendige Qualität kann sich nur einstellen, wenn der Übende über eine realistische Selbsteinschätzung und die Fähigkeit zu uneingeschränkter Selbstkritik verfügt. Es sind zwingend diejenigen Aspekte an sich selbst zu benennen und zu beeinflussen, die die größte Herausforderung darstellen, weil sie am weitesten von dem bestimmbaren Ideal entfernt sind. Der im Fasten liegende Verzicht wird als Ziel bspw. weitgehend verfehlt, wenn es sich lediglich auf ein Nahrungsmittel bezieht, zu dem keine erhöhte Neigung besteht. Ein Mensch, der ohnehin nur sporadisch eine Süßigkeit nascht, wird durch seine temporäre

Entsagung nur einen rudimentären Fortschritt erzielen. Ein Mensch, der selten viel redet, wird in einem Schweigeseminar kaum wesentliche Anreize erfahren, ganz anders als derjenige, der den ganzen Tag ohne Punkt und Komma selbst die belanglosesten Nebensächlichkeiten verbreitet. Diesbezüglich liegt die Verantwortung im Bereich des Einzelnen. Entscheidend kommt es darauf an, Veränderung wirklich zu wollen – unabhängig davon, welches Instrument zur Übung verwendet wird.

Die Art und Weise, sich mitzuteilen, ist als Gewohnheit zu verstehen. Daher folgt unmittelbar aus dem gewählten Beispiel, dass neben der Qualität auch die Quantität der spirituellen Bemühungen eine entscheidende Rolle spielt. Wer sich bei jeder zweiten Gelegenheit gestattet, vom Ideal abzuweichen, kann keine nachhaltige Veränderung erreichen, die ein am Optimum orientiertes Verhalten als neue Gewohnheit etabliert. Die Quantität entscheidet somit über das Hervorrufen sowie die Dauerhaftigkeit von Veränderung mit, während die Wahl des Mittels in erster Linie die Tiefe einer Veränderung bestimmt. Das ausschließlich im körperlichen Bereich anzunehmen, greift – wie sich bereits im Beispiel andeutet – im Verständnis zu kurz. Eine intensiv über in der Regel zwei bis drei Jahre durchgeführte Mantra-Meditation versetzt den Praktizierenden schließlich in die Lage, den dadurch erreichten Bewusstseinszustand nach nur wenigen Minuten dieser Meditation herbeizuführen. Das Kriterium der Quantität besitzt seine Gültigkeit daher auch für den geistigen Bereich. Dabei ergänzen sich die einzelnen Übungen in einer kumulierenden Wirkung. Wer letztlich alles mit der notwendigen Qualität den spirituellen Bemühungen unterordnet, ebnet den Weg zu einem erfüllten – im Kontext von Religion: frommen – Leben.

Das Wechselspiel von Qualität und Quantität führt zur Ausformung von Wollen und Disziplin. Eine hohe Qualität steigert den Wirkungsgrad der Übungen, der wiederum eine erhöhte Bereitschaft zur Intensivierung der Übungen zur Folge hat. Die auf diesem Wege entstehende Disziplin festigt und fördert das für die notwendige Qualität erforderliche Wollen. Insofern erweisen sich Bemühungen mit körperlichem Bezug anfangs als vorteilhaft. Erfahrungen auf der körperlichen Ebene stellen sich rascher ein und sind leichter zweifelsfrei zu bewerten als auf der geistigen Ebene. Zudem bildet eine harte körperliche Übung eine solide Basis, um Disziplin und Willensstärke zu schaffen sowie den Übenden zu erden. Eine gute Erdung bildet wiederum ein tragfähiges Fundament für jegliche spirituelle Bemühung.

Wenn beide Faktoren angemessen berücksichtigt werden, verändert sich die erforderliche Disziplin zu Hingabe. Ab diesem Moment gibt es keine Umkehr mehr, weil der Übende begreift, sich mit der Rückschau auf die Seele auf die zentrale Aufgabe des Menschen zu besinnen. Das heißt nichts anderes, als sich in ihren und damit Gottes Dienst zu stellen. Diese Einsicht führt nicht unbedingt unmittelbar dazu, demgemäß zu jedem Zeitpunkt und in jeder Situation zu handeln. Doch es richtet die Bemühungen aus und die eigene Vorstellung beginnt klarer zu werden, so als tauche im Nebel langsam ein Leuchtfeuer auf, das verlässlich die Richtung anzeigt.

Es ist folglich auch für den religiös orientierten Menschen sehr hilfreich, auf eine körperbezogene Übung zurückzugreifen. Anders herum wird jeder ernsthafte Weg-Übende früher oder später einen religiösen Bezug herstellen. In beiden Fällen ist es aber gleichermaßen wichtig, über eine für die eigene Geisteskonfiguration stimmige Übung das Grundprinzip von »Bewusstheit, Verstehen, Veränderung« zu erfahren sowie die innere Haltung mit der erforderlichen Disziplin und dem notwendigen Wollen aufzubauen. Bedingungen hierfür bleiben stets die entsprechende Qualität und Quantität der eigenen Bemühungen. Ansonsten besteht die Gefahr, auf einer oberflächlichen Ebene zu verharren oder gar der Illusion eines von sich ausgeformten Irrbildes zu erliegen.

Neben der individuellen Verantwortung und Praxis finden sich im religiösen Kontext zudem Riten und spirituelle Übungen, die in einem institutionalisierten Rahmen stattfinden. In diesen Fällen hat die tragende Institution dafür zu sorgen, dass eine entsprechende Güte in den Bemühungen der Teilnehmer ermöglicht wird. Die Veränderung einer bewährten Praxis ist diesbezüglich kritisch zu betrachten. Eine Auflockerung und damit einhergehende höhere Akzeptanz des katholischen Gottesdienstes soll bspw. mit einer schmissigeren Art von Kirchenliedern erreicht werden. Diese wirken zwar belebter und fröhlicher, verlieren aber dadurch ihre meditative Komponente. Man könnte es so formulieren: Der Geist wird erfreut, jedoch nicht in derselben Weise angehoben. Die logische Konsequenz läge darin, diese Art der Kirchenlieder am Ende eines Gottesdienstes zu verwenden. Zu diesem Zeitpunkt spricht nichts mehr dagegen, dem zunächst angehobenen Geist eine beschwingte Note zu verleihen. Im Gegenteil, das kann möglicherweise sogar dazu beitragen, dem Einzelnen aufzuzeigen, dass ein frommes Leben letztlich immer auch ein frohes Leben bedeutet.

Besonders in Hinsicht auf das Erleben von Freude ist zu berücksichtigen, die Übungen und sonstigen Aktivitäten so auszurichten, dass der individuellen Geisteskonfiguration Rechnung getragen wird. Diese Herausforderung gleicht einem Balanceakt. Einerseits ist diese Aufgabe für den Übenden nur zu lösen, wenn er hinreichend Verständnis für sich aufbringt. Andererseits hält ihn zu viel Verständnis davon ab, die notwendige Quantität und Qualität der Übungen überhaupt zu erreichen. Es gibt nicht nur zahlreiche Beispiele von Menschen, die sich gerne verändern würden, jedoch nicht die richtige Haltung entwickeln. Es gibt auch zahlreiche Beispiele, die zeigen, dass mangelndes Verständnis für die eigenen, noch vorhandenen Schwächen, gekoppelt mit einem schlechten Gewissen, dazu führt, andere mit den gleichen »Unzulänglichkeiten« zu verurteilen. Insbesondere das Verhalten von Würdenträgern im Laufe der Jahrhunderte gibt hier Anlass zur Kritik. Ein Punkt, der dazu beigetragen hat, die Menschen von der Institution und damit von der Religion zu entfremden. Auch die Institutionen haben darauf zu achten, Forderungen an den Einzelnen in einer Weise zu formulieren, die die individuelle Rezeptivität hierfür ausreichend beachtet. Eine persönliche Selbstzerfleischung aufgrund falsch aufgenommener oder vermittelter Ideale führt zu nichts Gutem. Meist ruft es rigide bis bittere Meinungen und Verhaltenszüge hervor, die letztlich nur die Facetten eines nicht angehobenen Geistes darstellen. Ein Mensch, der sich ohnehin immer die Schuld gibt, muss gestärkt werden, bis der transformierte Geist quasi auf eigenen Füßen steht. Ein Mensch, der immer nur für andere lebt, obwohl seine Gesundheit bereits angegriffen ist, muss dazu angehalten werden, auf seinen Körper zu achten. Ein kranker Körper ist nicht das passende Werkzeug, um die Impulse der Seele dauerhaft umzusetzen. Es zeichnet einen wahrhaften religiösen Führer respektive Würdenträger aus, mit Augenmaß bei Bedarf helfend zur Seite zu stehen. Nichts führt an einer individuellen Wegführung vorbei. Und die kann auch persönlichkeitsbedingt oder umständehalber zu einem temporären Abweichen von der optimalen Übung führen. Nach Yogi Bhajan ist es das Geburtsrecht des Menschen, gesund, glücklich und heilig zu sein. Das sollte bei allem Streben angemessen in Erinnerung bleiben.

15 Motivation über den Tod hinaus

Wenn es für den Menschen Arbeit bedeutet, seine Seele zu schauen, stellt sich die Frage, warum er diese Mühen auf sich nehmen sollte, weist Arbeit doch für die meisten einen derartigen Beigeschmack auf. Die Antwort darauf ist vielschichtig. Ohne zu sehr ins Detail zu gehen, muss dafür ein wenig ausgeholt werden. Der materialistische, von der Aufklärung geprägte Mensch ist zu der Behauptung gelangt, sein Leben finde einzig im materiellen Kontext des Daseins statt und erlösche mit dem Absterben des physischen Körpers. Wer die Modellannahme der Materialisten kritisch unter die Lupe nimmt, findet – wie bereits ausgeführt wurde – nicht zu leugnende Anzeichen für die Unvollständigkeit dieses Modells. Während der physische Aspekt des Holons Mensch immer präziser untersucht wurde, gilt dies nicht annähernd für das subjektive Teil-Holon, das jedoch den größeren Teil der eigenen Existenz und zugleich den Schlüssel zu weitergehendem Verständnis darstellt.

Das Holon Mensch lässt sich neben dem objektiven Teil-Holon, seinem physischen Körper, über neun weitere Körper des subjektiven Teil-Holons veranschaulichen. Diese zehn, nach Yogi Bhajan funktional unterscheidbaren Körper bilden eine ganzheitliche Verflechtung energetischer Aggregate unterschiedlicher Schwingungen, die in einer komplexen, netzwerkartigen Interaktion miteinander verwoben sind. Befinden sich diese Körper in Harmonie, ist Gesundheit gegeben. Für die folgenden Betrachtungen ist neben der Seele und den Geistkörpern der Prana-Körper von besonderer Bedeutung, weil Krankheit in diesem beginnt, bevor sie sich im Äußeren zeigt. Im Prana-Körper wird die (subatomare) Lebensenergie (Prana) über die sogenannten Nadis (Kanäle) unter Berücksichtigung spezifischer Funktionalitäten an alle Zellen des Körpers verteilt. Es gibt insgesamt 72.000 Nadis, die im Nabelpunkt entspringen, einem ätherischen Zentrum wenige Zentimeter unterhalb des Nabels vor der unteren Wirbelsäule, in anderen Kulturen auch als Tantien oder Hara bekannt. Wenn der freie Fluss des Pranas entlang dieser Bahnen sowie den korrespondierenden Chakren gestört ist, entwickeln sich (weitere) Krankheitserscheinungen im körperlichen, emotionalen und mentalen Bereich.

Die sieben Hauptchakren stellen miteinander verbundene Energiezentren bzw. -wirbel dar, die im physischen Körper auf feinstofflicher Ebene angelegt sind. Sie befinden sich entlang eines zentralen Nadis, der von der unteren Wirbelsäule aufsteigend in deren Mitte bis zum Scheitel verläuft. Die Hauptchakren stehen mit dem physischen Körper in Verbindung. Gleichzeitig können sie als archetypische Daseinszustände aufgefasst werden, für die spezifische emotional-mentale Geisteskonfigurationen charakteristisch sind. Auf diese Weise bietet das Chakren-System einen Ansatz zur Stabilisierung der physischen sowie psychischen Gesundheit. Dysbalancen in den einzelnen Chakren zeigen Störungen bereits vor einer manifesten

pathologischen Erscheinung an. Mit entsprechend ausge-
wählten Übungen – bspw. des Yogas – wird gezielt auch in
bisher nicht bewussten Bereichen Einfluss genommen. Die
bisherigen Ausführungen sollen am Beispiel des fünften
Chakras verdeutlicht werden. Ist es ausbalanciert, gibt sich
die Person authentisch, hat einen gesunden Selbstaus-
druck und verfügt über gute Interaktionen sowie eine ef-
fektive Kommunikation. Bei einer Störung neigt die betroffene Person hingegen zu Lethargie. Sie wird unsicher,
schwach im Ausdruck und entwickelt Angst vor der Meinung anderer sowie deren Beurteilung. Eine Dysbalance
geht zudem mit einer Veränderung physiologischer Prozesse sowie mehr oder weniger starken Verspannungen
der Muskulatur im korrespondierenden physischen Seg-
ment einher. Der Sitz des fünften Chakras im Bereich der
Kehle führt daher zu Beschwerden der dort ansässigen
Organe bzw. Körperteile wie Kehlkopf, Schilddrüse, Na-
cken oder Rachen. Die durch die geistige Konfiguration
verursachte Verspannung sämtlicher Muskeln in diesem
Bereich wirkt sich schließlich bei Hinzutreten äußerer Umstände krankheitsfördernd aus. Bei Menschen, die bspw.
immer wieder unter Mandelentzündungen leiden, liegen
dauerhaft Verspannungen feinster Muskeln im Bereich des
fünften Chakras vor. Dadurch wird – wenn man es physisch formulieren *wollte* – die Blutversorgung und damit
einhergehend die Immunversorgung vermindert. Entsprechend wird bei einer Exposition mit einem Erreger dessen
Vermehrung und Ausbreitung nicht ausreichend verhindert. Aufgrund des psychophysischen Zusammenhangs
formuliert der Volksmund bei Halsschmerzen, dass der Be-

troffene vorher einen dicken Hals hatte. Der Ärger ist in diesem Fall der innere Katalysator, indem er die durch die Verspannung ohnehin eingeschränkte Versorgung in diesem Bereich nochmals reduziert. Ohne eine Behebung dieser Verspannungen, lässt sich eine rezidivierende oder chronifizierende Erkrankung nicht in vollkommener Weise heilen. Hierfür muss auf Übungen zurückgegriffen werden, die das Chakra ins Gleichgewicht bringen. Das führt zum einen zur notwendigen Veränderung der Geisteskonfiguration und zum anderen zu einer Verfeinerung des Körperbewusstseins. In der Folge registriert der Betreffende sofort, wenn das Alltagsgeschehen eine erneute Verspannung auch bisher nie wahrgenommener Muskeln verursacht. Er kann entsprechend zeitnah gegensteuern, so dass langfristige Krankheitsverläufe vermeidbar sind. (Dabei sollte nie übersehen werden, ggfs. weitere medizinische Maßnahmen zu ergreifen, um physischen Notwendigkeiten im Heilungsprozess zu entsprechen!) Die Verspannungen in der zu einem gestörten Chakra korrespondierenden Muskulatur werden durch Lebensereignisse angestoßen oder verstärkt und nehmen schon in der Kindheit schleichend zu. Lange Zeit verursachen sie unter Umständen keine Beschwerden oder Schmerzen, aber sie sind dauerhaft vorhanden und schränken die Körperfunktionen zunehmend ein.

Die Ausbalancierung eines Chakras führt zudem zu einer anderen Ausrichtung des elektromagnetischen Feldes, das durch die Geisteskonfiguration geprägt wird und für den eigenen Lebensweg mitverantwortlich ist. Der Geist, insbesondere das Unterbewusstsein, beeinflusst, wie das Leben um den einzelnen Menschen herum verläuft. Wie ein Magnet zieht er ohne eine Neuausrichtung immer wieder dieselben Situationen an, die mehr oder weniger schmerzhaft oder schwierig erlebt werden und sich möglicherweise in ihrer Folgenschwere zusätzlich steigern. In oberflächlichen Bereichen hat jeder diese Wechselwirkung mit seiner Umwelt vielleicht schon öfter wahrgenommen. Es handelt sich um diejenigen Tage, an denen irgendwann der Satz fällt: Wäre ich heute doch bloß im Bett geblieben.

Darüber hinaus behindern Störungen in einem oder mehreren dieser Chakren den freien Fluss der Prana-Energie im Hauptnadi entlang der Wirbelsäule. Solange dieser Fluss eingeschränkt ist, bleibt das siebte Chakra, auch Kronenchakra genannt, an der Scheitelfontanelle weitgehend blockiert. Ob dieses Chakra ausbalanciert und damit offen ist, hat weitreichende Folgen für den Menschen. Im physischen Körper existieren sechzehn Vitalpunkte, über die der Seelenkörper mit dem physischen Körper verbunden ist und durch die die Seele beim Vorgang des Sterbens den Körper verlassen kann. Je nachdem, durch welchen dieser Vitalpunkte sie entweicht, entscheidet sich, in welcher Form es zu einer Wiedergeburt kommt. Wählt die Seele das sogenannte zehnte Tor, das mit der Fontanelle am Scheitelpunkt identisch ist, muss die Seele nicht mehr inkarnieren. Im christlichen Sprachgebrauch wäre sie in den Himmel eingegangen. Falls der Mensch keinen Rückschritt in seiner Entwicklung hinnehmen will, wäre es vernünftig, Anstrengungen zu unternehmen, die der Seele erlauben, dieses Tor zu wählen. Ganz im Sinne eines gewöhnlichen Tores muss es dafür offen bzw. passierbar sein. Passierbar wird es, wenn der Energiefluss in den Nadis und Chakren uneingeschränkt zirkuliert. Das ist der Fall, sobald das Schwingungsniveau des Geistes dasjenige der Seele dauerhaft erreicht. Während des Sterbevorgangs kann die Seele somit den Körper durch das zehnte Tor genau dann verlassen, wenn die Seele geschaut wird. Folglich wird mit dem Blick auf die Seele gleichzeitig das Rad der Wiedergeburt durchbrochen.

Eine vollständige Öffnung des Kronenchakras führt zu einer besonderen Anregung der Epiphyse, durch die eine Blockade am Fuß der Wirbelsäule aufgehoben wird. Der in der Folge ungehinderte Energiefluss kann schließlich zu einem Erleuchtungserlebnis des Menschen führen. Hierbei handelt es sich um die Wahrnehmung eines sehr hellen, nicht grellen Lichts, die mit der Empfindung großen Friedens verbunden ist, der tiefer als eine entspannte Ruhe reicht. Dieses Phänomen wird in der (religiösen) bildhaften und figürlichen Darstellung als Heiligenschein dargestellt. Die Freisetzung dieser Energie kann unter besonderen Umständen einmalig auch bei einem nicht transformierten Geist erfolgen. Dennoch ist im Allgemeinen darauf zu achten, (1) Körper und Geist auf die durchgreifende Wirkung dieser Energie vorzubereiten, was in allen verlässlichen Systemen der Fall ist, und (2) dieses Ereignis richtig einzuordnen. Es muss nicht auftreten und ist ohnehin nur eine Begleiterscheinung, die motivierend wirken kann, in den eigenen Bemühungen fortzufahren. Vor allem stellt sie keinen Endpunkt dar. Ohne eine Fortsetzung der spirituellen Bemühungen werden die erzielten Ergebnisse rückläufig sein, weil das Alltagsgeschehen täglich neue Spuren im Holon Mensch hinterlässt. Anders mag das aussehen, wenn die Entwicklung zu einem wahrhaftigen Heiligen abgeschlossen ist. Weil es jedoch in der Hauptsache nur darum geht, den Geist zu transformieren, um der Seele und damit letztlich Gott zu dienen, ist ein primäres Streben nach Erleuchtung als fehlgeleitetes Wollen des Egos zu betrachten.

Die Transformation des Geistes bildet stets die Grundlage spiritueller Bemühungen respektive eines religiösen Lebens. Davon hängt gemäß Yogi Bhajan ab, ob sich der Mensch wie ein Tier, ein Erdling oder ein (werdender) Heiliger verhält. Solange der Mensch von seinen Trieben dominiert wird, ist sein Verhalten nicht anders als das eines Tieres. Der Erdling wird von seinen Emotionen gesteuert, während der Heilige in Liebe, Mitgefühl und Würde lebt. In diesem Fall wird er Zufriedenheit empfinden, was nichts anderes als Glück bedeutet. Das sind alles gute Gründe, sich einem spirituellen Weg zuzuwenden, der keineswegs anstrengender verläuft als der übliche Reigen aus Lust, Angst, Unzufriedenheit, Bestätigung und Zweifeln. In diesem Sinne ist Religion, wenn sie richtig verstanden wird, ein Weg zur Menschwerdung und damit einsetzend zur Heiligung.

Ob sich jemand dafür entscheidet oder einem anderen Lebensentwurf folgt, bleibt ihm selbst überlassen. Doch wenn Yogi Bhajan von einem Geburtsrecht spricht, glücklich, gesund und heilig zu sein, darf man die Aussage so verstehen, dass grundsätzlich jedem die Möglichkeit dazu offen steht. Das Grundproblem liegt darin, dass der Geist eine bestimmte Erkenntnisschwelle überschreiten muss, bevor er den implizit enthaltenen Auftrag wahrnimmt – und akzeptiert. Bis dahin erliegt er den Schatten in Platons Höhle, d.h. den Illusionen und Trugbildern seines ungeschulten Geistes. Es ist leider so, wie vor einer Wand zu stehen, die jedweden Ausblick versperrt, und anzunehmen, dahinter existiere nichts. Ist hingegen der erste Stein entfernt, offenbart sich der Irrtum. Der Umstand, dass die Mehrheit der Menschen die gesamte Existenz vor dieser Wand annimmt, bedeutet nicht, dass es tatsächlich so ist. Trainiert man mit Gewichten, wird es möglich, Lasten zu stemmen, die andere nicht für möglich halten. Verfeinert man seine Sinne für die innere Wahrnehmung, wird es möglich, Aspekte des Seins zu registrieren, die andere ebenfalls nicht für möglich halten. Glaube ist notwendig, um überhaupt danach zu streben und sich nicht selbst zu begrenzen. Das Wissen darüber wächst mit den eigenen Erfahrungen auf einem systematischen spirituellen Weg.

Neben diesen für den Einzelnen vorteilhaften Aspekten gehen die Auswirkungen eines spirituellen Weges zudem über das Individuum hinaus, wie in den folgenden Kapiteln aufgezeigt werden soll.

16 Über das Individuum hinaus

Befinden sich die unterschiedlichen Frequenzbereiche pranischer Energie (Tattvas) in einem ausgeglichenen Zustand, ist die entsprechende Person laut Yogi Bhajan in der Lage, sich gelassen den Mühen und dem Druck des Lebens zu stellen. Eine gesunde Selbstachtung kennzeichnet diesen Zustand. Ein Verlust der Selbstachtung kann bereits im Moment der Empfängnis entstehen, wenn sich die Eltern mental nicht in Harmonie befinden. Auch während der Schwangerschaft können verschiedene Umstände dazu führen, dass das Ungeborene einen Verlust der Selbstachtung erleidet. Dazu gehören bspw. neben biologischen Schwierigkeiten auch Depressionen der Eltern, soziale Probleme oder psychologisches Fehlverhalten. Das von der Natur im Inneren perfekt angelegte Energiegleichgewicht kann demzufolge durch äußere Umstände beschädigt werden. Bei einem Kind geschieht das, wenn es trotz aller Liebe in einem Umfeld aufwächst, das zu wenig Verständnis aufbringt. Das Verhalten der Eltern hat gemäß dieser Erfahrung (1) Auswirkungen auf das kindliche Wohl über die Physis hinaus und (2) bereits mit dem Akt der Zeugung – und damit nicht losgelöst von deren Sexualität, von der dieses Kapitel im Wesentlichen handelt.

Doch zunächst soll eine Gewohnheit thematisiert werden, die es immer noch gibt: die Kehrwoche, der zufolge samstags das Treppenhaus gereinigt werden muss. Es gab eine Zeit, in der diese Regelung unumstößlich war. In den letzten Jahrzehnten zeigt sich häufiger Widerstand, wenn vor allem ältere Menschen auf deren Einhalten pochen, während jüngere das gerne auch einmal als »spießig« abtun. Diese unterschiedliche Bewertung resultiert in erster Linie aus einer Verarmung der Argumentation. Das Putzen des Hausflures degenerierte zu einem Akt der Außendarstellung. Es soll sichtbar werden, dass es in einem Haus ordentlich zugeht. Ersetzt man jedoch das Wort »ordentlich« durch »reinlich«, zeigt sich das ursprüngliche Ziel der Sauberkeit. Eine regelmäßige Reinigung verhindert das Einnisten sowie die Verbreitung von Ungeziefer im Haus. Wird nun bedacht, dass bspw. Kakerlaken Tuberkulose übertragen können, zeigt sich unmittelbar der tiefere Sinn der zuweilen als »spießig« belächelten Institution.

Dieser thematische Einschub soll zwei Dinge aufzeigen. Werden erstens sinnvolle Argumente auch mangels Wissen durch sachfremde ersetzt, führt eine Diskussion in die Irre. Vor allem geht die Akzeptanz für grundlegend sinnvolle Regeln verloren. Zweitens gilt das insbesondere für den Bereich der Sexualität, in dem hauptsächlich Sitte und Anstand ins Feld geführt wurden, um Positionen zu begründen, die in der heutigen Zeit als verklemmt oder nicht mehr zeitgemäß belächelt werden. Einmal angenommen, Menschen, die hinsichtlich einer Wahrnehmung subtiler Facetten des Seins sehr weit fortgeschritten waren, haben die Zusammenhänge korrekt formuliert, gibt es – wie oben dargelegt – Gründe, die das Kindeswohl betreffen, sich bezüglich der eigenen Sexualität eine gewisse Zurückhaltung aufzuerlegen. Berücksichtigt man ausschließlich das Kindeswohl, relativiert sich diese Überlegung, weil es inzwischen verhältnismäßig sichere Methoden zur Verhütung ungewollter Schwangerschaften gibt. Allerdings spielt ein weiterer Aspekt bei der Betrachtung dieses Themas eine nicht unwesentliche Rolle. Eine Frau nimmt beim Sex die subtile Energie des Mannes in ihre Aura auf, die dadurch einen entsprechenden Abdruck erhält. So kann das Empfinden für diese Energie von der Mutter an das Kind weitergegeben werden. Da dieser Abdruck lebenslang erhalten bleibt, erhält die Frau von jedem ihrer Sexualpartner ein anderes subtiles Energiemuster, das einen prägenden Einfluss auf ihre Aura ausübt. Falls dieser »vermischte« energetische Einfluss auf die Frau nicht über die Anwendung bestimmter Mantren gemildert wird, hemmt er ihre Suche nach der Verbindung mit der eigenen Identität. Obwohl diese Aussage vollkommen wertungsfrei zu betrachten ist, führt sie ein Argument ins Feld, zumindest nicht unbedacht mit Sexualität umzugehen.

An diesem Punkt weitergedacht, verändert sich möglicherweise auch die Haltung in Bezug auf Prostitution. Die herrschende Diskussion kreist immer um die Akzeptanz und den physischen Schutz dieser Frauen. Dem ist uneingeschränkt zuzustimmen. Dennoch weist das soeben unterbreitete Argument darauf hin, dass Prostitution an sich auf subtileren Ebenen in jedem Fall problematisch bleibt. Während sprachlich versucht wird, über Gendersternchen und Ähnlichem Gleichberechtigung im Bewusstsein insbe-

sondere des männlichen Bevölkerungsanteils zu veran-
kern, konterkariert die gesellschaftliche sowie rechtliche
Akzeptanz der Prostitution diese Bemühungen, weil sie im
Kopf des Mannes weiterhin das Bild der Frau als (käufli-
che) Ware oder Triebbefriedigungsobjekt aufrecht erhält.
Dieser Widerspruch lässt sich nur durch eine Abkehr von
der Prostitution auflösen. Der Grund liegt jedoch nicht in
einer »Verderbtheit« der Frau. Hier offenbart sich vielmehr
eine falsch verstandene bzw. nicht entwickelte Männlichkeit. Das gerne ins Feld geführte Argument, die Hormone
trieben die Männer zu einem regen Sexleben, gilt nicht, es
sei denn, der Mann möchte sich hinsichtlich seines Verhaltens auf dem Niveau eines Tieres bewegen. Solange bleibt
er jedoch nur ein Männchen, dem aus einer übergeordneten Warte die Entwicklung zu einem reifen Mann noch be-
vorsteht.

Daraus folgt auch, dass sich Bekleidungsvorschriften für
Frauen, in welcher Weise auch immer, keinesfalls über eine
religiöse Motivation begründen lassen. Zum einen liegt
darin keine Handlung, um die eigene Seele zu schauen.
Zum anderen führen diese lediglich dazu, den Mann von
seiner Aufgabe zu entbinden, die Kontrolle durch seine
Triebe und Emotionen zu überwinden, damit er sich in ei-
nen strahlenden Ritter verwandeln kann, dessen einziges
Ziel das Wohl *aller* Frauen ist und der darauf wartet, aus
Liebe gebeten zu werden. Nur in diesem Fall kann davon
gesprochen werden – verheiratet oder nicht –, dass zwei
Menschen sich in Gott vereinen. Es finden sich zahlreiche
Geschichten in der Literatur, die genau das zum Thema

haben. Leider hat Casanova Galanterie als Mittel zum Zweck der egoistischen Eroberung missbraucht. Immerhin war er noch charmant und diskret, während sich Frauen heutzutage auch mal unerwartet im Internet bebildert oder besprochen wiederfinden.

Einige Psychologen negieren die Möglichkeit des Mannes, seine Sexualität vollständig zu kontrollieren. Diese pessimistische Sichtweise nährt indirekt die Fehlvorstellung des Mannes, gegen seine Triebe letztlich machtlos zu bleiben. Priester sollten diesbezüglich ein Vorbild sein. Doch deren Fehltritte und strafbare Handlungen scheinen diese Ansicht nur zu bestätigen. Bezeichnend ist zudem folgende Episode, die sich in einem sehr heißen Sommer in einer bischöflichen Verwaltung zugetragen hat. Einige Verwaltungsmitarbeiterinnen stellten sich Schüsseln mit kaltem Wasser unter ihre Schreibtische, um sich auf diese Weise Kühlung zu verschaffen. Doch wurden sie mit dem Hinweis, sie dürften die Priester nicht in Verlegenheit bringen, darum gebeten, nicht mit nackten Füßen im Büro zu sitzen. Auch hier zeigt sich, dass in patriarchalischen Gesellschaften die Verantwortung der Männer zu Lasten der Frauen abgewälzt wird, was gerade in einem religiösen Kontext verwundern sollte. Die Diskussion um das Zölibat geht an dieser Stelle jedoch ebenfalls in die falsche Richtung, offenbart die pervertierte Sexualität vieler Würdenträger letztlich nur, dass die kirchlichen Institutionen ihren Amtsträgern kein wirksames Instrument zur Transformation des Geistes zur Verfügung stellen. Im Gegenteil, vielen gelten spirituelle Übungen als gefährlich, weil sie eine

Glaubenskrise auslösen könnten, die stets nur ein (in der Regel berechtigtes) Zweifeln an der Institution bedeutet. Die Anwendung eines wirksamen Instruments zur Transformation des Geistes im Rahmen einer systematischen spirituellen Übung verändert aber dessen Funktion, so dass die Impulse der Seele immer weniger verändert im Bewusstsein erscheinen. Das führt im Laufe der Zeit auch zur Auflösung einer zwanghaften Fixierung auf und zu einem anderen Erleben von Sexualität. Beispiele von Yogis, die ihrem spirituellen Ego unterliegend die Integrität von Frauen bis hin zur Vergewaltigung missachtet haben, stehen dem nicht entgegen, zeigen aber auf, dass es sich um einen längeren Entwicklungsprozess handelt, der Beharrlichkeit und Achtsamkeit voraussetzt.

Die bisherigen Aussagen zielen keineswegs darauf ab, die sexuelle Revolution im Zuge der gesellschaftlichen Umwälzungen in den sechziger und siebziger Jahren des letzten Jahrhunderts infrage zu stellen. Der Ruf der Unreinheit des Sexuellen musste aufgebrochen werden. Dass die körperliche Vereinigung zweier Liebender in manchen ultraorthodoxen Kreisen weiterhin nur durch ein mit einem Loch ausgestattetes Tuch erfolgt, das die Frau komplett bedeckt, um keine sinnliche Lust beim Akt zu empfinden, lässt sich religiös nicht begründen. Diese Praxis ist genau genommen antireligiös, weil sie gerade nicht dazu beiträgt, dem Kind ein gesundes subtiles Energiegleichgewicht und damit Selbstachtung mitzugeben. Grundsätzlich ist das Ende einer Stigmatisierung sexuell aktiver Frauen auch als Schritt zu begreifen, die Gesellschaft positiv zu entwickeln. Nur hat sich das sexuelle Tabu zunächst immer mehr in eine Manie verwandelt, die sich einer gewissen Zwanghaftigkeit nicht erwehren kann. Es bleibt jedoch zu bedenken, dass die rein physisch motivierte, unachtsame Lust, d.h. die Stimulierung bestimmter Körperzonen mit dem bloßen Ziel einer Absonderung von Körpersäften, eine Folge eines mangelnden Pranaflusses darstellt, um eine ersatzweise Stimulierung des Nervensystems wie durch Alkohol oder Drogen zu erreichen. Wie sich der Einzelne in diesem intimen Bereich entscheidet, unterliegt im Rahmen des strafrechtlich Erlaubten keiner moralischen Ver- oder Beurteilung. Doch ist es eine Entscheidung, die sehr viel mit Verantwortung zu tun hat. Diese Verantwortung bezieht sich auf einen selbst, ein mögliches Kind und auf die Sexualpartnerin bzw. den Sexualpartner.

17 Über die Familie hinaus

Damit der Einzelne Verantwortung übernehmen kann, bedarf es der Möglichkeit, sich zu entscheiden. Solange ein argumentativ nicht verstandener Zwang zu einem bestimmten Verhalten besteht, liegt allenfalls eine Form des Gehorsams vor. Der trägt stets das Risiko in sich, in einem unbeobachteten Moment vom eigenen Geist ausgehebelt zu werden. Es ist daher notwendig, Verhaltensrichtlinien plausibel zu begründen, um über das Verstehen eine Selbstverpflichtung des Einzelnen zu erreichen. Darüber hinaus besteht eine Wahlmöglichkeit nur für den Fall der eigenen Freiheit. Während Freiheit oberflächlich betrachtet damit verbunden wird, alles tun und lassen zu können, was in das Tagesbewusstsein quillt, greift diese Vorstellung zu kurz. Der Grund hierfür liegt in der weiter oben beschriebenen Struktur des Geistes. Das sogenannte Ego, die Summe aus Gedanken, Gefühlen und Wünschen, die nicht den Impulsen der Seele entsprechen, ist meist in seiner Ichbezogenheit verlockend oder auch nur bequem. Konsequenzen des eigenen Handelns werden nicht antizipiert. Im harmlosen Fall wird der ausgekaute Kaugummi einfach auf den Weg gespuckt, ohne sich damit auseinanderzusetzen, dass jemand drauftreten könnte und einige Zeit benötigen wird, seine Schuhsohle zu reinigen. Im schlimmsten Fall werden durch dieses ichbezogene Verhalten Gesundheit und Leben anderer gefährdet. Freiheit bedeutet in diesem Zusammenhang somit das Vermögen, seelenfernen Handlungsimpulsen, Wünschen oder nur Ideen *nicht* nachgeben zu müssen. Damit ist gleichzeitig verbunden, sich für etwas entscheiden zu können.

An diesem Punkt entfaltet sich die gesellschaftliche Kraft der Religion. Indem spirituelle Bemühungen dazu führen, die Impulse der Seele immer klarer wahrzunehmen, wandeln sich über längere Zeit Gedanken und Wünsche. Aber auch auf eine kürzere Sicht findet eine Veränderung in der Bewertung aufkeimender Gedanken statt, sobald diese mit wahrhaften Werten verglichen werden. Daraus abgeleitetes Verhalten lässt sich wiederum in einem einzigen Satz ausdrücken: Liebe deinen Nächsten wie dich selbst. Diese Aussage scheint anachronistisch in einer Welt, in der ein Unvermögen oder Unwillen um sich greift, rücksichtsvoll mit anderen umzugehen. Es ist so bezeichnend wie kontraproduktiv, wenn manche Psychologen eine Entschuldigung als einen Akt der Selbstdemütigung betrachten. Das erklärt allerdings die Tendenz, dass in den verschiedensten sozialen Kontexten zunehmend auf diese Geste verzichtet wird – oder sogar Vorwürfe an deren Stelle treten, wie in folgender Situation zu erleben war: Eine Person dreht sich überraschend um und tritt einer anderen dabei schmerzhaft auf den Fuß. Statt einer Entschuldigung erfolgt die rüde Bemerkung: »Passen Sie doch auf.« Wie in diesem konkreten Beispiel geht einer Entschuldigung im Normalfall ein mehr oder minder schweres Fehlverhalten voraus, durch das ein anderer mehr oder minder schwer beeinträchtigt wird. In diesen Fällen ist eine Entschuldigung keinesfalls als Selbstdemütigung zu betrachten. Es handelt sich hierbei um die verbale Übernahme von Verantwortung für das eigene Verhalten, gekoppelt mit einem (im Idealfall angemessenen) Bedauern. Verantwortung zeigt sich demzufolge nicht nur in einer vorausschauenden Weise bei Entscheidungen, sondern auch in einer Übernahme derselben für etwas bereits Geschehenes. Eine Entschuldigung ist somit richtigerweise als Akt menschlicher Größe zu betrachten.

Wahre Größe entwickelt sich nur dann, wenn man sich selbst liebt wie seinen Nächsten. In dieser Weise formuliert wird deutlich, dass man sich selbst nicht lieben wird, solange man seinen Nächsten nicht liebt – oder anders ausgedrückt: Eine respektlose Handlung gegenüber dem Nächsten offenbart gleichzeitig mangelnden Respekt sich selbst gegenüber. Diese mangelnde Selbstachtung kompensiert das Ego auf verschiedenen Wegen. Einer davon ist die Überheblichkeit und Herablassung anderer gegenüber, die sich meist auf Statussymbole stützt. Dabei kann es sich bspw. um Wohlstand, die Herkunft inklusive der Zugehörigkeit zu einer Gruppe oder Bildung handeln. Freiheit bedeutet gerade, sich von diesen Krücken einer schwachen Selbstachtung zu befreien. Je mehr das gelingt, desto mehr rücken die Mitmenschen wieder in den Fokus der Aufmerksamkeit. Selbstlose Liebe als Ausdruck der Seele bildet den Kitt, nach dem in der heutigen Zeit immer dringender auch medial gefragt wird, seit eine erhebliche Erosion hinsichtlich des gesellschaftlichen Zusammenhalts festzustellen ist. Über eine (frühzeitige) Hinwendung zu einem spirituellen Bemühen könnte sich ein respektvolles Miteinander einstellen, das nicht an selbst definierten Grenzen endet. Bereits Einstein hat darauf hingewiesen, dass es die große Aufgabe des Menschen sein müsse, sein Mitgefühl über Familie und Freunde auf alle Menschen (und noch weiter) auszudehnen. Um das und damit den Zusammenhalt einer Gemeinschaft zu fördern, war es ursprünglich eine Aufgabe des Gottesdienstes, über seine ritualisierte Gestaltung zur Entwicklung eines Gruppenbewusstseins beizutragen. Jede auf Unkenntnis dieser Wirkungsweise beruhende Änderung in dessen Struktur gefährdet jedoch dieses Ziel.

Nur über den Einzelnen verändert sich die Gesellschaft. Ansonsten bleiben die in Grundwerten und Gesetzen implizit enthaltenen moralisch-ethischen Leitlinien ein Lippenbekenntnis, das der Einzelne nach seinem Belieben suspendiert. Die philosophische Fundierung hilft alleine nicht weiter, weil ihr der transformierende Effekt fehlt, wie an den reichlich vollzogenen Brüchen von Gesetzesnormen abgelesen werden kann. Gesetze sind letztlich nur die Konkretisierung moralisch-ethischer Standards, um ein harmonisches Zusammenleben zu gewährleisten. Sie stellen die legislative Kompensation des Umstands dar, dass Religion bzw. die menschliche Entwicklung einen Prozess darstellt. Durch eine spirituelle Übung muss der Einzelne erst die Ebene der Verbundenheit erreichen, auf der keine externen Regulierungen des eigenen Verhaltens mehr notwendig sind.

Das setzt aber auch voraus, dass diese externen Regeln

von selbstloser Liebe getragen werden. Leider haben diesbezüglich fanatische Überlegungen zu einer Diskreditierung religiöser Werte geführt. Im Mittelalter sind vermeintlich fromme Herrscher wie Otto II. in anderen Kulturen eingefallen, um mit der Macht des Schwertes deren Seelen vor der Hölle zu bewahren. Nur haben sie dadurch weder die Seelen der anderen gerettet noch ihren eigenen die Aufnahme in den Himmel ermöglicht. Allerdings haben sie kollektiv wirksame Ursachen (des Unrechts) gesetzt, die sich ausgleichen mussten und müssen. Jeder mag an dieser Stelle seine eigenen Überlegungen anstellen. Grundsätzlich sei noch einmal betont: Zu töten lässt sich nie religiös begründen, weil das einen Widerspruch in sich bedeutet. Auch auf weniger einschneidender Ebene trifft das zu. Sich auf der Ebene der Verbundenheit zu bewegen, bedeutet hingegen nicht, sich alles gefallen lassen zu müssen. Wenn ein Unrecht geschieht, ist dieses zu beheben und zu sühnen. Auch muss niemand immer wieder erdulden, in irgendeiner Weise schlecht behandelt zu werden. In diesem Fall ist es geboten, den Umgang mit einer derartigen Person zu meiden, um sich seine grundlegende Haltung des Mitgefühls zu bewahren.

Kodizes oder mündlich weitergetragene Anweisungen, die willkürlich Frauen im Speziellen und Personengruppen im Allgemeinen benachteiligen oder den Tod als gerechtfertigtes Handeln in Selbstjustiz propagieren, sind nicht getragen von einem Verständnis der Verbundenheit, von selbstloser Liebe und Mitgefühl. Da sie den Einzelnen nicht aus den Niederungen und Wirrungen eines Geistes führen, der sie daran hindert, ihre wahrhafte Identität, ihre Seele, zu schauen, kommt ihnen keine handlungsleitende Bedeutung für die Entwicklung zum Menschlichen zu. Auch sind sie nicht geeignet, die Menschen auf einer höheren Ebene zu einen. Solange Institutionen vor allem damit beschäftigt sind, andere zu dominieren, kann Religion sein erhebendes und einendes Element nicht entfalten. Ursache hierfür ist immer die Fixierung auf von Menschen gemachten Fehlinterpretationen, deren Urheber sich zu Unrecht auf Gott oder sonstige Heilige berufen, anstatt sich auf die Kernelemente zu besinnen, die in allen Religionen gleich lauten, per definitionem gleich lauten müssen! In letzterem Fall stellt auch eine Heterogenität innerhalb einer Gesellschaft kein Problem dar. Schließlich ist der Nächste immer der, der vor einem steht, unabhängig von seiner Herkunft, seiner Zugehörigkeit zu einer Gruppe oder sonstigen äußerlichen Merkmalen.

Diese Überlegungen verdeutlichen, dass eine aus einer religiösen Haltung aufgenommene spirituelle Übung den Grundstein für ein friedvolles Zusammenleben innerhalb von und zwischen Gemeinschaften legt. Wem, dem das Wohl der Menschen und nicht nur sein eigenes am Herzen liegt, sollte dieses friedvolle Miteinander keine Motivation sein. Wenn man bedenkt, dass die hierfür notwendige Selbstachtung auf subtilen Ebenen bereits mit der Zeugung verloren gehen kann, deren Verlust gleichzeitig Folgen für die Gesundheit mit sich bringt, dann wäre ein erweitertes Verständnis des Menschen im Hinblick auf Medizin und Psychologie eine Frage religiös initiierter, sich der eigenen Verantwortung stellenden Vernunft.

18 Ganzheitliches Heilen

Zunächst sei darauf hingewiesen, dass die Möglichkeit zu schulmedizinischen Behandlungen einen großen Anteil daran hat, die Lebensqualität zahlreicher Menschen zu verbessern. Das gilt nicht nur für Notfälle wie Herzinfarkte oder Frakturen. Erkrankungen, die ohne ein Antibiotikum oder eine intensivmedizinische Betreuung in vielen Fällen tödlich verlaufen, verlieren zumindest bis zu einem gewissen Grad ihren Schrecken. Auch wenn der Körper wie bei einem Diabetes mellitus in seiner Funktionsfähigkeit zunehmend eingeschränkt wird, helfen schulmedizinische Maßnahmen mit gutem bis sehr gutem Ergebnis. Dennoch gibt es vor allem chronische Erkrankungen, für die eine sinnvolle schulmedizinische Therapie weiterhin fehlt. Ob in diesem Zusammenhang eine stetig kostspieligere, hochtechnisierte Medizin den für die Lebensqualität der Menschen besten Lösungsweg darstellt, kann aus zwei Gründen bezweifelt werden. Zum einen zeigt sich, dass die aktuelle medizinische Ausrichtung an Grenzen stößt, wie bspw. zunehmende Antibiotikaresistenzen aufgrund deren unklugen Einsatzes andeuten. Zum anderen ist die maschinelle Sichtweise auf den Menschen, die aus einem materialistisch-deterministischen Modell folgt, unzutreffend. Wie an anderer Stelle bereits erwähnt, lehrt die Psychosomatik, dass körperliche Leiden ohne organischen Befund auftreten können. Die Placebo-Forschung kommt zu dem Ergebnis, dass Besserung oder Heilung einer Krankheit auch ohne die Gabe einer Arzneisubstanz erreicht werden kann. Zudem erzeugt der geübte Mensch in der Meditation Gehirnwellen wie bei einem Schlafenden. Somit folgen Gehirnwellen dem auch absichtlich vorgenommenen Bewusstseinswechsel. Ein überirdisches Licht wird von Nahtoderlebenden wahrgenommen, das Neurobiologen lediglich auf eine massive Überflutung mit Neurotransmittern aufgrund des einsetzenden Sterbeprozesses zurückführen. Diese Lichterscheinung lässt sich aber ebenfalls durch intensive Meditation herbeiführen. In allen diesen Fällen ist offensichtlich eine geistige Veränderung in der Lage, auf den Körper kausal und dauerhaft einzuwirken.

Es ist daher nicht nur zulässig, sondern auch geboten, die Frage zu stellen, wie die vollständige Wahrnehmung des Holons Mensch über seinen physischen Aspekt hinaus Einfluss auf seine Gesundheit bzw. Genesung nehmen könnte. Weiter oben wurde dargelegt, dass die subtilen Ursachen für die Entwicklung von Krankheiten bereits mit der Zeugung gesetzt werden können. Folglich wäre es sinnvoll, wenn Eltern nicht leichtfertig entscheiden, ein Kind bekommen zu wollen, und ihr Verhalten von Beginn an am Wohl des Kindes ausrichten. Dazu gehört bspw. auch, das Kind in den ersten drei Lebensjahren nicht von der Mutter zu trennen, weil die Auren beider bis dahin verbunden sind. Diese yogisch motivierte Aussage deckt sich mit dem Zeitraum, der noch von der heutigen Generation der Großeltern zum Verbleib der Kinder bei der Mutter angeraten wird. Dessen Bedeutung war somit bereits zu

einer Zeit bekannt, die kaum von östlichen Lehren beeinflusst wurde.

Ist einmal die Ursache für Krankheit gesetzt, wäre es konsequent, auf der Prana-Ebene einen Ausgleich zu schaffen,
anstatt zu warten, bis sich Krankheitserscheinungen auf
der physischen Ebene manifestieren. Erstens vollzieht sich
die Genesung dadurch leichter. Zweitens wird auf diese
Weise Leiden verhindert und eine über den Lebensverlauf
fortschreitende Verschlechterung der Gesundheit vermieden. Dazu bedarf es aber einer Praktik, mit der auf dieser
Ebene Einfluss genommen werden kann. Hier offenbart
sich die Schwachstelle des schulmedizinischen Systems.
Ein entsprechendes Therapiewerkzeug fehlt. Gleichzeitig
wird dieses System von vielen als alternativlos betrachtet.
Diese ausgrenzende Sicht folgt der Annahme einzigartiger
Wissenschaftlichkeit, übersieht aber den weiterhin unvoll-
ständigen Wissensstand selbst auf der physischen Ebene.
Eine neue Studie hat bspw. gezeigt, dass Insulin produzie-
rende Zellen, die bei einem Diabetes betroffen sind, entgegen der bisher herrschenden Meinung doch regenerieren können. Das erklärt wiederum, warum alternative The-
rapiemethoden durchaus erfolgreich in späteren Phasen
einer Diabeteserkrankung eingesetzt wurden, obwohl das
nach schulmedizinischer Lehrmeinung nicht möglich gewesen sein konnte. Nicht zuletzt zeigen Studien die teilweise durchaus mangelhafte Wirkung schulmedizinischer
Therapieansätze auf. Kniebeschwerden besserten sich lediglich in gut einem Viertel der Fälle durch eine schulmedizinische Standardtherapie, aber in nahezu der Hälfte der

untersuchten Fälle nach Gabe eines Placebos oder durch Anwendung von Akupunktur, mit der lediglich Einfluss auf den Energiefluss genommen wird.

Umso mehr verwundert es, dass energetische Heilverfahren eher dem Bereich esoterischer Scharlatanerie zugeordnet werden. Dabei zeigt sich an der traditionellen chinesischen Medizin deutlich, wie ein umfassendes Gesundheitssystem aufgebaut sein kann. Inkludiert sind meditative Bewegungsformen wie Tai Chi und Qi Gong, die auf energetischer Ebene Einfluss auf den Zustand von Körper und Psyche nehmen. Hinzu tritt die Akupunktur sowie ergänzend die Phytotherapie, falls eine rein energetische Einflussnahme nicht ausreicht. Heutzutage werden diese Maßnahmen durch schulmedizinische Therapieformen ergänzt. In einer derartigen Kombination macht der körperbezogene schulmedizinische Ansatz aus verschiedenen Gründen Sinn. Manifestieren sich Krankheiten auf der körperlichen Ebene, kann es sein, dass ausschließlich am subtilen Teil-Holen des Menschen ausgerichtete Maßnahmen zu viel Zeit benötigen, um sich auf der Körperebene durchzusetzen – anders ausgedrückt: Der Körper muss gestützt werden, weil ein Ausgleich im Prana-Körper zu spät käme (umgekehrt verlangt das Ziel dauerhafter Gesundheit, neben der physischen Behandlung gleichzeitig auf der Prana-Ebene Einfluss zu nehmen). Wird jedoch frühzeitig darauf hingearbeitet, den Prana-Körper zu harmonisieren und letztlich die Schwingung des Geistes an derjenigen der Seele auszurichten, lässt sich mit wenig Aufwand im Falle einer drohenden Erkrankung auf diesen

Ebenen gegensteuern. Es existiert bspw. eine Atemübung, die in der Lage ist, den Ausbruch akuter Erkältungskrankheiten zu verhindern. Das gelingt aber nur bei demjenigen verlässlich, der täglich Atem-, Körper- und Meditationsübungen eines kompletten Systems durchführt. Nur unter dieser Bedingung entwickelt die kurzzeitig ausgeübte Atemübung schnell und stark genug Einfluss, um ihre ausgleichende Wirkung zu entfalten. In einem sinnvoll gestaffelten System brächte schließlich auch die Schulmedizin ihre hohe Potenz in kritischen Fällen ein, ohne durch einen überflüssigen Gebrauch von Arzneistoffen ihre eigene Wirksamkeit zu gefährden. Zudem wird vermieden, erst in späten Stadien einer Erkrankung bzw. im Verlauf einer Lebenskrankengeschichte immer drastischer, auch die Lebensqualität stark beeinträchtigend eingreifen zu müssen. So hilfreich ein Herzschrittmacher ist, lebt es sich dennoch besser, wenn die Notwendigkeit zu seiner Anwendung zu einem viel früheren Zeitpunkt verhindert wird. Letztlich geht es darum, auf einer prä-DNA-len Ebene ansetzen zu können.

Wie sehr ein religiöser Bezug Diskussion und Forschung verändern könnte, zeigt sich exemplarisch an der Impfdiskussion, die in einem Für und Wider festgefahren ist. Grundlegend ist diese Diskussion ethisch schwieriger, als zum Ausdruck kommt. Da eine Impfung in ganz seltenen Fällen tödliche Folgen haben kann, gilt es eine Abwägung zwischen der Gefahr für das Leben eines Einzelnen gegenüber der Gefahr für das Leben anderer zu treffen. Diese Frage ist mitnichten als trivial zu betrachten und könnte nach einer alternativen Lösung verlangen. Weil Impfungen Leben schützen, kommt ihnen eine große Bedeutung zu. Weil Impfungen einen von der Natur nicht vorgesehenen Eingriff in das Immunsystem bedeuten, müssten die Argumente der Impfkritiker ernster genommen werden. Die Annahme, Impfungen beeinflussten die gesundheitliche Entwicklung nicht negativ, ist keinesfalls wissenschaftlich eindeutig belegt – oder nur in derselben Weise wie bei den angeblich nicht zur Regeneration fähigen Insulinzellen. Angesichts der Komplexität des Betrachtungsgegenstandes sowie eines kaum zu überprüfenden Langzeiteffekts in einem multikausalen Kontext wird sich dieser Beweis nicht erbringen lassen. Insofern gebietet die Verantwortung, einen Weg einzuschlagen, der möglichst schonend ist. Praktikabilitäts- und Gewinnüberlegungen führen aber zu immer umfangreicheren Mehrfachimpfungen. Dabei ließe sich die Impfbelastung des Kindes bedarfsgerechter und mit geringerem Gefährdungspotenzial durchführen, wenn auf Mehrfachimpfungen verzichtet würde und Impfungen erst erfolgten, wenn diese gesundheitspräventiv notwendig sind. Auf diese Weise bekäme das Immunsystem, wie von alternativer Seite gefordert, deutlich mehr Zeit, sich zunächst unbeeinflusst zu konstituieren. Frühes Abstillen und eine frühzeitige Unterbringung in einer Kita bedingen jedoch das Vorziehen von Impfungen hauptsächlich aus der politisch gewünschten zeitnahen Arbeitstätigkeit der Frau, die dem über eine intensive spirituelle Übung zugänglich werdenden Wissen widerspricht. Es liegen demnach sachfremde Motive vor, denen der Vorzug vor dem umfassenden Wohl des Kindes sowie der Familie gegeben wird.

Eine religiös inspirierte Perspektive auf Gesundheit richtet das Handeln somit nicht nur am Wohl der Gemeinschaft und des Einzelnen aus, sondern erhält mit einer frühzeitig einsetzenden Präventionspraxis sowie einem multikausalen Ansatz letztlich auch die Wirksamkeit schulmedizinischer Therapiemaßnahmen.

19 Erleuchtete Politik

Politik bedeutet Führung und zu führen bedeutet zu dienen. Dienen kann nur derjenige, der über ausreichend Selbstachtung verfügt. Weil gewöhnlich ein diesbezüglicher Mangel vorherrscht, entwickeln Menschen das Bedürfnis, diesen Mangel anderweitig zu kompensieren. Das geschieht auf unterschiedlichste Weise, so dass dieser Antrieb hinter dem Handeln in den meisten Fällen übersehen wird. Dennoch richtet sich das generelle Denken und Bewerten durch diese Problematik an einem Oben und Unten aus. Dabei werden sehr unterschiedliche Kategorien herangezogen. Oben kann bedeuten, mehr Geld als die meisten anderen zu haben, eine entsprechende berufliche Position einzunehmen, gebildeter zu sein, das größere Auto zu fahren, das neuere Smartphone, das klügere Kind, die hübschere Frau, den wichtigeren Mann zu haben, Fan eines angesagten Fußballvereins zu sein oder die richtige Staatsangehörigkeit zu besitzen. Die kollektive Zustimmung zu einer solchen Bewertung lässt diese Kriterien zu Statussymbolen werden, die helfen, den eigenen Mangel an Selbstachtung zu überdecken.

Macht bildet einen weiteren Faktor, der in diesem Zusammenhang eine hohe Anziehungskraft ausübt. Dabei ist Macht an sich nichts Verwerfliches, wenn damit lediglich ein Gestaltungspotenzial begrifflich gefasst wird. So gesehen sollte Politik ihren Gestaltungsspielraum stets zum

Wohle des Gemeinwesens nutzen. Die Verlautbarungen einzelner Politiker drücken auch genau das aus. Selbst in Parteinamen finden sich Hinweise auf christlich-soziale Werte. Das hinderte einen Landwirtschaftsminister allerdings nicht daran, entgegen einer Koalitionsvereinbarung eine Entscheidung mit langfristigen Folgen in seinem Sinne und dem einer ihm nahestehenden Lobby zu beeinflussen. In diesem Fall wurde die vom Volk durch Wahlen legitimierte Macht für alle sichtbar missbraucht und führt zu einer Minderung des Gemeinwohls. Abgesehen von diesem drastischen Einzelfall bedeutet Lobbyismus generell eine Wohlfahrtsvernichtung, die zugunsten von Partikularinteressen in Kauf genommen wird. Das liegt nicht nur an der vom Lobbyisten einseitig beeinflussten Entscheidung. Alle anderen Interessengruppen und Marktteilnehmer müssen ebenfalls Ressourcen aufwenden, um nicht in eine nachteilige (d.h. nicht wahrgenommene) Position zu geraten. Ohne Lobbyarbeit stünden diese Mittel hingegen für wohlfahrtsmehrende Maßnahmen zur Verfügung.

Der erwähnte Abstimmungsmissbrauch ist mit überraschend wenig Echo wieder von der Bühne der Aufmerksamkeit verschwunden. Er ist hingegen kein Einzelfall. Es handelt sich in seiner Deutlichkeit lediglich um die sichtbare Spitze eines Eisbergs. Davon auszugehen, dass derlei Aktionen folgenlos blieben, ist ein Irrtum. In Zeiten des Wirtschaftswunders mit seinem Übermaß an Wohlstand war das kaum ein Problem. Inzwischen hat sich die Situation geändert. Wohlstandsgüter sind knapper respektive teurer geworden und damit nicht mehr für alle gleicher-

maßen erreichbar. Wenn sich politisch Handelnde weiterhin unrechtmäßig oder unachtsam ihrer Verantwortung
zur Orientierung am Gemeinwohl in wesentlichen Belan-
gen entziehen, führen insbesondere an Partikularinteressen ausgerichtete Entscheidungen zu wachsender Empö-
rung. Mangels Alternative folgt daraus ein Sympathiezu-
wachs für Parteien an den politischen Rändern. Für diese
wiederum ist im Allgemeinen ein anderes Gemeinschafts-
verständnis charakteristisch, das den Zusammenhalt einer
freiheitlichen Gesellschaft gefährdet. Durch den Verlust
eines religiösen Bezuges erodiert der Zusammenhalt einer
Gemeinschaft ohnehin und wird durch Fehler in der Politik
zusätzlich verstärkt.

In dieser Hinsicht darf auch die Vorbildfunktion von Politi-
kern als Führende nicht unterschätzt werden. Ehrenworte,
die bindender empfunden werden als Gesetze, Ver-
schwendung von Steuergeldern, plagiierte Doktorarbeiten
oder auch nur ein gezeigter Mittelfinger sowie unflätige
Sprache unterstützen den Verfall einer auf menschlichen
Werten basierenden Gesellschaft. Die Motivation des Einzelnen sinkt im Zweifelsfall, sich an einen über die Verfas-
sung formulierten Wertekonsens zu halten. Politiker for-
cieren an vielen Stellen die eigenmotivierte Handlungsweise Einzelner und von Gruppen, die bspw. durchaus zur
Kenntnis nehmen, dass offensichtlich keine großen Ambitionen seitens des Bundestages ergriffen werden, um seiner ausufernden Größe entgegenzuwirken. Im Volksmund
wird das einfach wie klar formuliert: Man sägt nicht an
dem Ast, auf dem man sitzt – oder später sitzen könnte.

Die Liste ähnlicher Beispiele ließe sich nahezu beliebig fortführen.

Deshalb hat Platon für einen idealen Staat die Besitzlosigkeit der politischen Klasse zur Bedingung erhoben. Hierin ist der Versuch zu sehen, den personalen Mangel durch eine Regel zu korrigieren. Sinnvoller wäre es möglicherweise, bei den handelnden Akteuren anzusetzen. Leider zeigt gerade das Beispiel des Landwirtschaftsministers, dass offensichtlich die Reklamation eines religiösen Bezuges im Parteinamen keine Gewähr dafür bietet, unabhängig der ganzen Gesellschaft dienen zu wollen. Auch zeigen Beispiele anderer Länder oder die Vergangenheit, dass ein religiöser Einfluss auf die Politik keinesfalls garantiert, Entscheidungen am Wohl aller auszurichten. Wer bis hierhin aufmerksam gelesen hat, wird umgehend widersprechen. Es ist nie der religiöse Einfluss, sondern der Einfluss zugehöriger Institutionen, in denen die Führenden dem gleichen Mangel an Selbstachtung unterliegen (können). Das haben nicht nur die goldenen Wasserhähne in Limburg gezeigt.

Eine richtig verstandene und entsprechend ausgeführte religiöse Übung schafft hingegen einen über ein intellektuelles Verständnis hinausgehenden, unmittelbaren Zugang zu der durch Mitgefühl und selbstlose Liebe charakterisierten Bewusstseinsebene. Dadurch entwickeln sich diese menschlichen Qualitäten mit der Zeit zu einem gelebten Imperativ. Entsprechend verändert sich mit dem Geist das Denken, das sich auf eine Stufe begibt, die unabhängig von Etiketten ist, und eine andere Qualität bekommt.

Wie sich das auf die Entscheidungsfindung auswirkt, soll ein exemplarisches Beispiel verdeutlichen. Aufgrund seines naheliegenden Bezugs bietet sich das Gesundheitswesen hierfür an. Seit Längerem wird in Deutschland über eine Bürgerversicherung für alle diskutiert. Die Bewertungen der jeweiligen Positionen reichen von sozialistisch bis liberal. Doch innerhalb dieser Debatte bleiben die eigentlich systemrelevanten Fragen weitgehend aus. Die primäre Frage müsste lauten, welche Allokation der vorhandenen Ressourcen einem Maximum an Mitgefühl entspräche. Demzufolge müsste ein Gesundheitssystem grundsätzlich die Eigenverantwortung des Einzelnen stärken (ohne auf die Informationen von in erster Linie an unternehmerischen Interessen ausgerichteten Lobbygruppen zurückzugreifen), um umfassend den Präventionsgedanken umzusetzen. Zudem dürfte die Allokation medizinischer Kompetenz nicht aufgrund monetärer Interessen erfolgen. Die Dringlichkeit und Schwere einer Erkrankung müsste stets über die Vergabe von Terminen sowie die Zuordnung von Fachwissen und -können entscheiden. Darüber hinaus wäre über ein Entlohnungsmodell zu diskutieren, das dazu beiträgt, die Überlastung der im Gesundheitswesen Tätigen zu senken. Eine an ernsthafter Erneuerung ausgerichtete Diskussion unterbleibt jedoch, weil zu sehr auf die Meinung von Interessengruppen geschaut wird. Am Ende bleibt eine zielführende Reform mit der Begründung aus, die Thematik sei zu komplex. Ähnlich gelagert ist der Fall einer Rentenreform, die seit Beginn der achtziger Jahre immer wieder verschoben wurde, obwohl damals bereits bekannt war, dass aufgrund der geburtenschwächeren Jahrgänge ein Defizitproblem auftreten wird.

Während Politik vorausschauend arbeiten müsste, orientiert diese sich hauptsächlich an den Wählerstimmen. Das ist nur dann konsequent, wenn davon ausgegangen wird, dass Stimmberechtigte in erster Linie Angst vor Veränderungen haben. Der respektlos als Wutbürger titulierte Wähler wird letztlich diffamiert, selbst wenn er sich lediglich gegen offensichtliche Missstände und Annahmeirrtümer wendet. Ohne Respekt gegenüber der Verständigkeit der Wähler lässt sich hingegen (aus Angst vor Verlust des eigenen Sitzes) keine visionäre Politik betreiben. Aber besonders in Zeiten großer Umbrüche wäre das umso mehr gefragt, um ein relatives Wohlfahrtsmaximum zu erhalten.

Dieses Wohlfahrtsmaximum wird fast ausschließlich über wirtschaftliche Kennzahlen definiert. Der bereits erlittene Verlust von Wohlstand wurde über die Debatte zur Frauenarbeit kaschiert. Kaufkraftverluste wurden durch die Verdopplung der Arbeitskraft innerhalb der Familien und Partnerschaften aufgefangen. Darüber hinaus erlaubt ein Doppelverdienermodell das Generieren neuer volkswirtschaftlich relevanter Arbeitsplätze. Während im Einzelverdienerhaushalt ein Partner für Haushalt, Kinder- und Altenbetreuung sowie Ausübung ehrenamtlicher Tätigkeiten Zeit fand, werden hierfür Haushaltshilfen, Kinderbetreuungseinrichtungen oder professionelle Pflegekräfte gebraucht, sobald beide Partner weitgehend in Vollzeit arbeiten. Das wirkt sich allerdings positiv auf das dringend systembedingt benötigte wirtschaftliche Wachstum aus. Übersehen wird dabei die politisch gewollte Entwertung altruistischer Tätigkeiten, die ebenfalls einen Wohlfahrtsverlust nach sich zieht. Der soziale Wert von Mitgefühl und selbstloser Liebe sinkt weiter im Bewusstsein einer Gesellschaft, die mangels religiöser Praxis Anerkennung vorwiegend über monetäre Äquivalente verteilt. Eine Ausrichtung der Politik an den zentralen menschlichen Eigenschaften würde aber nicht nur das Zusammenleben einer Gemeinschaft verbessern, sondern auch erheblichen Einfluss im Wirtschaftssektor entfalten.

20 Mitfühlendes Wirtschaftsleben

Mitgefühl und Arbeitsleben scheinen auf den ersten Blick kaum zusammenzupassen. Wenn überhaupt, wird Mitgefühl in sozialen Berufen wie im Gesundheitswesen vermutet oder dort sogar als moralischer Imperativ erwartet. Tatsächlich hat sich herausgestellt, dass Mitarbeiter administrativer Abteilungen eines Krankenhauses häufiger Mitgefühl zeigen als Mitarbeiter pflegebezogener Stationen. Mitgefühl zeigt sich bei genauerem Hinsehen im wirtschaftlichen bzw. beruflichen Umfeld nicht nur an unerwarteter Stelle, sondern auch häufiger als vermutet. Konzerne, die Mitgefühl institutionalisiert haben, wollen sicherstellen, dass Mitarbeiter in bestimmten Notlagen durch die Organisation unterstützt werden. Diese Unternehmen haben den Wert spezifisch menschlicher Qualität nicht nur erkannt, sondern auch konsequent durch Einführung von unterstützenden Strukturen und Prozessen gefördert. Mitarbeitern wird bspw. ermöglicht, einzelne Urlaubstage Kollegen zur Verfügung zu stellen, die in eine private Notlage geraten sind, selbst aber über keinen Urlaub mehr verfügen.

Abgesehen von der Klärung einer Notlage ruft praktiziertes Mitgefühl eine Vielzahl positiver Wirkungen für alle Beteiligten hervor. Nicht selten wird erst über aktives Mitgefühl erreicht, dass die Resilienz eines Betroffenen bzw. einer betroffenen Gruppe verbessert wird und die Arbeit wieder aufgenommen werden kann. Generell fördert Mitgefühl das Auftreten positiver sowie die Reduzierung negativer Emotionen bei den Mitarbeitern. Im Zusammenspiel mit weiteren Effekten verbessert sich das Arbeitsklima, wodurch Produktivität und Kreativität in Teams steigen. Insgesamt erzeugen mitfühlende Handlungen eine Verbundenheit, die durch organisationale Strukturen und Prozesse sowie die Herausbildung von Netzwerken nochmals gefestigt wird. Dadurch formt sich eine konfliktärmere Gemeinschaft, die gerade in kritischen Phasen des Unternehmens bereit ist, sich in besonderer Weise einzusetzen. Bei anstehenden Entscheidungen werden zudem bessere Lösungen erzielt, weil die Fähigkeit zu mitfühlendem Handeln, einen Perspektivenwechsel sowie integratives Denken fördert. Darüber hinaus finden moralische Aspekte selbstverständlicher Berücksichtigung, die den Grundstein für ein positiveres Image legen, das wiederum einen Vorteil im Wettbewerb auch um wertvolle Arbeitskräfte schafft. Eine mitfühlende organisationale Praxis ist daher insgesamt nicht als Kostentreiber abzutun, sondern als ein Instrument des gegenseitigen Respekts und der Wertschätzung zu bewerten, das neben einer festeren Kundenbindung auch zu einem erhöhten Zugehörigkeitsgefühl der Mitarbeiter führt.

Letzteres wird insbesondere durch das gelebte Mitgefühl von Führungskräften gefördert, die infolgedessen ihre Mitarbeiter auf emotionaler sowie intellektueller Ebene besser verstehen und positive Beziehungen zu diesen aufbauen. Als wesentliches Problem hat sich diesbezüglich allerdings herausgestellt, dass (in erster Linie männliche) Führungskräfte erheblich mit der Angst zu kämpfen haben, mitfühlendes Verhalten könne ihnen als Schwäche ausgelegt werden. Aufgrund der positiven Effekte wäre es jedoch ökonomisch gesehen wünschenswert, Führungskräfte in ihrem Vermögen zu fördern, sich aus der Ebene der Verbundenheit heraus zu verhalten. So zeigt sich auch im personalen Bereich des Wirtschaftens, dass der Verlust eines religiösen Bezuges Nachteile mit sich bringt. Eine nachhaltige spirituelle Praxis löst die oben erwähnte Angst aus zwei Gründen auf. Zum einen, weil eine Ausrichtung des Geistes auf die Seele unmittelbar eine grundsätzlich mitfühlende Haltung hervorruft, die frei von Zweifeln ist. Zum anderen, weil sich eine Wandlung zu einer selbstbewussten Männlichkeit vollzieht, die nicht auf das übliche Männchengehabe angewiesen bleibt.

Neben dieser personalen sowie intraorganisationalen Perspektive kommt Mitgefühl auf der Ebene der Wirtschaftspolitik zum Tragen. In der heutigen, globalisierten Ökonomie zeigt sich deutlich, dass die Vorstellungen einer national begrenzten sozialen Marktwirtschaft zu kurz greifen. Notwendig ist hingegen das Verständnis einer mitfühlenden Wirtschaftsordnung auf allen Ebenen. Basieren unternehmerische Entscheidungen auch auf mitfühlenden Erwägungen, werden moralische Werte automatisch berücksichtigt. Bleibt dies aus, wäre es im Interesse des Gemeinwohls notwendig, dass Politik im Rahmen ihrer wirtschaftspolitischen Entscheidungen darauf hinwirkt. Folgendes Beispiel soll das erläutern: In der Europäischen

Union (EU) wird Milch in hohem Maße subventioniert, weil der Milchpreis zu niedrig ist, um den Bauern ihren Lebensunterhalt zu sichern. Gleichzeitig ermöglicht ein Überangebot an Milch den Großmolkereien, den Preis stetig zu drücken. Maßnahmen zur Reduzierung der Milchmengen unterbleiben auf politischer Ebene jedoch, weil die Lobby der Milchindustrie mit durchschaubaren Argumenten Druck ausübt. Die Großmolkereien erzielen hohe Gewinne aufgrund des niedrigen Einkaufspreises, die letztlich durch Steuergelder in Form von Subventionen vom Konsumenten ermöglicht werden. Dieser könnte genauso gut einen fairen Preis für Milch bezahlen. Aber das Ganze verursacht noch einen Nebeneffekt, der den Gewinn der Milchindustrie nochmals (letztlich zu Lasten der Steuerzahler) steigert. Die billig erworbene Milch ermöglicht ihr, den zu Milchpulver verarbeiteten Überschuss auf afrikanischen Märkten preislich günstiger als Milch der dort heimischen Bauern anzubieten. Dadurch wird deren Milchmarkt zerstört, so dass die betroffenen Bauern nicht mehr vom Verkauf der vor Ort gewonnenen Milch leben können. Die Armut bleibt oder verschlimmert sich sogar. In Zeiten digitaler Kommunikationsmedien trägt das dazu bei, junge Menschen nach Europa zu treiben oder sich zu radikalisieren. Erst an diesem Punkt das Argument des Mitgefühls und der Nächstenliebe anzuführen, greift somit erheblich zu kurz. In einer globalisierten Wirtschaftswelt ist die beschränkte soziale Ausrichtung von Wirtschaftsordnungen obsolet. Auch im internationalen Kontext wird erst ein Handeln auf der Ebene der Verbundenheit der Verantwortung zur Menschlichkeit gerecht, deren Mangel auch nach Generationen noch leidvolle Konsequenzen für eine Nation auslöst, die in den seltensten Fällen von den verursachenden Entscheidern zu tragen sind.

21 Eingebunden in die Umwelt

Ähnliche Situationen wie in der Milchindustrie treten auch in anderen Bereichen der Landwirtschaft auf. Neben dieser marktbezogenen Problematik wiegen zudem weitere Faktoren schwer. Durch die zunehmende Industrialisierung in der Landwirtschaft hat sich die Qualität der Nahrungsmittel insgesamt verschlechtert, weil in der modernen Agrarwirtschaft Kostenüberlegungen dominieren und gesetzliche Vorgaben an sachfremden Erfordernissen ausgerichtet werden. Insbesondere die EU gibt Normungen vor, die bspw. das gerade Wachstum einer Gurke zwecks leichteren Transports vorschreiben. Kriterien wie Haltbarkeit und Form stehen im Vordergrund. Um das zu erreichen, wird entsprechend gezüchtetes Saatgut verwendet. Kombiniert mit kostenoptimierten Anbauverfahren entstehen gerade wachsende Gurken, die einen überwiegend wässrigen Geschmack aufweisen. Die mindere geschmackliche Qualität solcher Produkte trägt letztlich über einen Mangel an Wertschätzung, der zu einem Teil auch dem Überfluss geschuldet ist, dazu bei, dass essbare Lebensmittel leichtfertig in den Müll gelangen. Folglich werden erhebliche Ressourcen für Produkte aufgewendet, die keine Funktion in der Nahrungskette entfalten, aber deren Anbau die Umwelt maßgeblich mitgestaltet.

Die ausschließlich ökonomische Betrachtung von Landwirtschaft wird zusätzlich angetrieben, weil Saatguthersteller darauf hinarbeiten, Saatgut herzustellen, dem die Fähigkeit zur Reproduktion fehlt. Meist werden diese Sorten mit Eigenschaften kombiniert, die zu einer erhöhten Widerstandskraft gegen Schädlinge sowie zur Verträglichkeit von Pflanzenschutzmitteln führen. Dass dieses Kalkül nicht aufgeht, zeigen angeblich resistente Baumwollpflanzen in Indien oder Sojapflanzen in Südamerika. Dennoch begeben sich Bauern in eine Abhängigkeit zu diesen Saatgutherstellern, denen es möglich wird, Preise und Verhalten zu diktieren. Eine Negativspirale setzt ein, in deren Folge noch annehmbare Gewinne über niedrigere Produktionskosten erwirtschaftet werden müssen. Um die hierfür benötigten großen Maschinen effizient einsetzen zu können, benötigen Bauern große Flächen mit Monokulturen, die intensiv bewirtschaftet werden. Die Diversität von Flora und Fauna geht zurück, so dass sich Schädlinge ungehindert ausbreiten können. Dadurch werden erstens mehr Pflanzenschutzmittel benötigt und müssen zweitens große Mengen von Kunstdünger den ausgezehrten Boden revitalisieren. Beides ist gut für die wirtschaftliche Entwicklung der Agrarzulieferer, aber nicht für die Umwelt. Pflanzenschutzmittel und Dünger belasten erheblich das Grundwasser. Zu einer Beeinträchtigung des Grundwassers tragen auch Unmengen von Gülle bei, die durch die Massentierhaltung in einer Größenordnung anfällt, die kaum noch auf Feldern untergebracht werden kann. Es ist ein florierender Markt für den Verkauf und die Verschiebung von Gülle entstanden. Diese ist aufgrund der tierfeindlichen Haltungsweise in Riesenställen mit Antibiotika sowie den Abbauprodukten der künstlichen Nahrung angereichert.

Am Ende der landwirtschaftlichen Prozesse stehen mit gesundheitsgefährdenden Stoffen belastete, nicht selten qualitativ minderwertige Produkte, durch deren Anbaumethoden die Umwelt nachhaltig geschädigt wird. Die Kosteneinsparungen der Agrarbetriebe werden hingegen nicht gegen die Kosten aufgerechnet, die durch dieses System verursacht werden, aber von der Allgemeinheit zu tragen sind und sein werden.

Inzwischen zeigt sich deutlich, dass die Entfremdung von der Natur ein Pfad ist, auf dem der Mensch immer mehr dazu gezwungen wird, technisch gegen Widerstände vorzugehen, die er letztlich selbst durch diese Entfremdung verursacht. Am Beispiel der Pflanzenschutzmittel lässt sich deutlich ablesen, dass im Interesse von Wirtschaftsunternehmen eine Praxis aufrecht erhalten werden soll, die aufgrund der Ignoranz natürlicher Zusammenhänge eine Bedrohung zuerst für die Umwelt, dann für den Menschen selbst darstellt. Es gibt bereits heute Gebiete in China, in denen Obstbäume von Hand durch den Menschen bestäubt werden müssen. Die Logik einer Entfremdung führt aber eher zu weiteren (kostspieligen) Entwicklungen zur künstlichen Bestäubung, anstatt den bisher eingeschlagenen Weg zu überdenken. Es gibt zudem Hinweise, dass bestimmte Pestizide für den Menschen gesundheitsschädlich sein könnten. Aufgrund der heterogenen Studienlage wird jedoch kein Verbot ausgesprochen. In einem besonders auffälligen Fall kamen zwei Wissenschaftler zu entgegengesetzten Interpretationen. Derjenige, der keine Gefährdung durch das umstrittene Pestizid erkennen wollte, verwies auf unterschiedliche Gewichtungen erhobener Daten. Er schlug vor, den Gebrauch des Pestizids in einer Langzeitstudie zu beobachten. Aufgrund der Datenlage beinhaltet dieser Vorschlag die Aufforderung zu einem Experiment am Menschen, obwohl deutliche Hinweise die Möglichkeit einer Krebsentstehung durch das Pestizid nahelegen. In diesem Fall schlägt das Durchsetzen monetärer Interessen sogar in eine unethische Einflussnahme um, die endgültig frei von jedem mitfühlenden Gedanken bleibt. Ein Produkt, dessen Sicherheit für den Menschen nicht zweifelsfrei dokumentiert ist, muss zurückgezogen bzw. -gehalten werden, bis dieser Nachweis langfristig erbracht wurde. Alles andere stellt wirtschaftliche Interessen über das Leben.

Dass keine Entscheidungen getroffen werden, um diese Spirale zurückzudrehen, ist jedoch hauptsächlich dem Einfluss von Agrarkonzernen sowie -zulieferern geschuldet, die ihr Geschäftsmodell absichern bzw. erweitern wollen. Damit wird die Entfremdung von der Natur weiterhin befördert. Aus einer religiösen Sicht ist und bleibt der Mensch hingegen ein Teil der Schöpfung, die es zu respektieren gilt. Auch in diesem Zusammenhang obliegt es dem (wenn auch nur kurzzeitig) Stärkeren, den Schwächeren zu schützen. Religiöse Praktiken unterstützen über eine Intensivierung der inneren Wahrnehmung das Erfühlen und Erleben der Einbettung des Menschen in seine Umwelt, deren Takt und Wechselbeziehungen. Aufgrund solchen Empfindens wird ein reflektiv entstandener Impuls zu einem anderen Verständnis von Mensch und Umwelt mit emotionaler Kraft verbunden und könnte eine generelle Umkehr einleiten. Zahlreiche engagierte Biobauern zeigen, dass mit einer ökologisch ausgerichteten Landwirtschaft nachhaltigere Ergebnisse erzielt werden. Kleinere Felder mit natürlichen Baum- und Strauchbarrieren verhindern nicht nur die Bodenerosion, sondern bieten einen Lebensraum für Kleintiere und Vögel, die ihrerseits Schädlinge eliminieren. Der dadurch auf ein Mindestmaß reduzierte Einsatz von Pflanzenschutzmitteln in Notlagen stellt eine deutlich geringere Bedrohung für Insekten wie Bienen dar. Zudem erhält eine nachhaltige Landwirtschaft über Pflanzenvielfalt und geeignete Fruchtfolgen die Bodenqualität. Durch die Verwendung verschiedener Sorten erhöht sich die Nahrungsmitteldiversität mit einer kaum noch geahnten Geschmacksvielfalt. Das gilt auch für die Tiere, die auf der Weide stehen und Gräser statt Silage und sonstige Futterzusätze fressen. Zum einen ist dem Fleisch dieser Tiere eine wohlschmeckende Note inne, die wiedergibt, was sie gefressen haben. Zum anderen stinkt deren Mist nicht! Analog riecht auch der Stuhlgang des Menschen nach dem Verzehr dieses Fleisches weniger. Letztlich lebt der Mensch in und mit seiner Umwelt gesünder. Diese romantisch anmutende Vorstellung ist keine Illusion. Als prominentes Beispiel zeigt Prinz Charles auf seiner Duchy Home Farm, dass ein derartiger Betrieb in den schwarzen Zahlen geführt werden kann. Die gegen eine Umstellung der Landwirtschaft gerichteten Argumente großer Agrarbetriebe erfolgen auch vor dem Hintergrund politischer Entscheidungen über die Art der Vergabe von Subventionen. Viele Landwirte haben sich über beträchtliche Investi-

tionen für die Bewirtschaftung großer Flächen mit Monokulturen oder die Massentierhaltung hoch verschuldet. Die
finanziellen Lasten tragen nun erheblich dazu bei, dass
diese Landwirte ihr Geschäftsmodell kaum ändern können.
Es zeigt sich, dass der entwurzelte Mensch, losgelöst von
einem Verständnis der Verbundenheit, Maßnahmen er-
greift, die Natur und Mensch auf verschiedenen Wegen
gefährden. Demgegenüber geht mit der beschriebenen
Art der Verbundenheit keine Ablehnung hilfreichen Fortschritts einher. Doch die Entscheidungen, die die Umwelt
des Menschen langfristig prägen, müssen in ihren Folgen
im Hinblick auf ein harmonisches Ökosystem überprüft
werden.

Das gilt gleichermaßen für Entscheidungen, die nicht die
Landwirtschaft betreffen. Hierbei können einfachere Sachverhalte wie der Verkehr von schwierigeren unterschieden
werden. Bei Letzteren finden sich Lösungen, die oberflächlich betrachtet zielführend sind. Doch teilweise entfalten
selbst gut gemeinte Vorhaben zu viele negative Effekte.
Der Ausstieg aus der Atomenergienutzung in Deutschland
wurde bspw. überwiegend positiv gesehen, weil das Risiko
für den Menschen in einem Schadensfall sehr hoch ist.
Übersehen wurde dabei, dass die hierfür verantwortliche
Katastrophe in Fukushima durch eine Fehlplanung verursacht wurde, indem die Möglichkeit eines Tsunamis außer
Acht gelassen wurde. Auch das ist ein Ausdruck der Entfremdung von der Umwelt, die die Gefahren nicht mehr
realistisch wahrnehmen lässt. In der Folge wurde unter
anderem der Bau von Windrädern subventioniert, noch

bevor eine umfassende Abwägung der Vor- und Nachteile erfolgte bzw. erfolgen konnte. Über die Möglichkeit, ein Datum für den Verzicht auf Atomenergie erst nach einer eingehenden Überprüfung der Alternativen festzusetzen, wurde angesichts der Stimmungslage in der Gesellschaft nicht diskutiert. Inzwischen hat sich gezeigt, dass Windräder die in der Nähe lebenden Menschen und Tiere ungesund beeinflussen (können). Bezogen auf die Umwelt wiegt besonders schwer, dass täglich durch die Bewegungen der Rotoren Millionen Kleinstlebewesen, aber auch Vögel getötet werden. Den dringend benötigten Insekten rückt der Mensch demnach mit einer weiteren Technik zu Leibe. An dieser Situation zeigt sich, dass politische Entscheidungen zu häufig vorschnell auf der Basis von Informationen erfolgen, die von Lobbygruppen für die eigenen Zwecke gefiltert wurden. Das ist besonders verheerend, wenn damit die Lebensgrundlage des Menschen auf längere Sicht gefährdet wird. Die oberste Prämisse kann nur lauten, sich aufgrund der Verwobenheit mit der Natur zurück zur Natur zu bewegen und Fortschritt einer genaueren Prüfung zu unterziehen. Der Mensch hat schon häufig gedacht, der Natur aufgrund von Intelligenz und Technik überlegen zu sein. In seiner Hybris hat er bspw. Flüsse begradigt, wurde aber eines besseren belehrt und bemüht sich inzwischen um deren Renaturierung. Man sollte sich stets bewusst sein, gegen die Natur spätestens auf lange Sicht nicht gewinnen zu können, von der die Menschheit einen für sie wahrnehmbaren, integrativen, letztlich aber verzichtbaren Bestandteil bildet.

22 Dienende Architektur

Es gab eine Zeit, zu der der Mensch gezwungen war, sich Räume innerhalb der Natur zu schaffen, die ihm ein verhältnismäßig geschütztes Leben ermöglichten. Davon zeugen noch heute an verschiedenen Orten Höhlenwohnungen, die teilweise weiterhin genutzt werden. Mit der Erweiterung technischer Möglichkeiten konnte es sich der Mensch erlauben, dieses enge Verhältnis zur Natur aufzugeben. Immer weniger waren es die örtlichen Gegebenheiten, die seine Unterbringung bestimmten. Durch die Entwicklung und Verwendung anderer Materialien wurden Konstruktionen möglich, die lange Zeit undenkbar gewesen wären. Insbesondere die Nutzung von Beton und Stahlträgern ließ Formen zu, die ihre statische Stabilität in erster Linie durch den Stahl erhalten. Grundsätzlich sollten diese Formen nach dem modernen Dogma ausschließlich der Funktion folgen. Im Laufe der Jahrhunderte ergab sich tatsächlich eine Reduzierung der barocken Üppigkeit bis hin zur modernen »Schachtel«, die in der Idee urbaner Kleinstwohnungen ihre Spitze findet. In diesen schaffen bewegliche Elemente die Illusion mehrerer funktionaler Orte. So gesehen sind diese Wohnungen funktional. Das Klo steht nicht neben der Spüle und eine Heizung gibt es auch. Damit sind sie immerhin komfortabler und besonders im Winter sowie bei feuchtem Wetter gesünder als die ursprünglichen Höhlenwohnungen ohne dergleichen Annehmlichkeiten. Dennoch warnen Psychologen bereits

davor, dass die übermäßige Enge dieser Kleinstwohnungen einen belastenden Faktor für die Psyche darstelle.
Wenn funktionale Bauten aber nicht nur einen Einfluss auf
die physische, sondern auch auf die psychische Gesundheit des Menschen nehmen, sollte eine umfassendere
Antwort auf die Frage gefunden werden, wie der Begriff
der Funktion aufzufassen ist.

Betrachtet man einen modernen Kirchenbau, kann diesem
bescheinigt werden, seinen Zweck rein funktional zu erfül-
len. Auch neuere Kirchen verfügen über einen Glocken-
turm, um den Gläubigen die Messe anzukündigen. Dach
und Wände schützen gegen das Wetter. Ein Altar sowie
sonstiges Inventar sind ebenfalls vorhanden. Doch niemand kommt auf die Idee, an einen Ort zu reisen, um sich
ein derartiges, nicht selten aus viel Beton gegossenes Gebäude anzuschauen. Ganz anders sieht es hingegen mit
den alten Gotteshäusern oder religiösen Gebäuden in Asi-
en aus, die alle aus Zeiten stammen, in denen die Funktion
nicht nur rein räumlich verstanden wurde. Die damaligen
Architekten haben diese Aufgabe mehr oder weniger gut
gelöst. Aber die Form dieser Kirchen folgte gleichermaßen
dem Ausdruck von Erscheinungen und Verhältnissen auf
den subtilen Ebenen des Seins – d.h. verschiedener Facetten der subjektiven Holone –, die über die Gestaltung der
Gebäude versinnbildlicht wurden. Deren Gestaltung diente
damit auch dem Zweck, den Geist zu erheben und den
Menschen in eine bestimmte Stimmung zu versetzen, um
darüber seine Erhabenheit und die Wahrnehmung von
Verbundenheit zu fördern. Er sollte sich bewusst werden,

Teil eines größeren Ganzen zu sein, dem es in Ehrfurcht zu begegnen gilt.

Der Begriff der Funktion umfasst somit nicht nur die reine Funktionalität im Sinne der physischen Nutzbarkeit, sondern geht darüber hinaus, indem ein wesentlicher Aspekt der Funktion in der Schaffung von Stimmungen liegt. Diese Stimmungen verändern wiederum Haltungen. Deshalb lässt sich bspw. die Polizei von Architekten beraten, die erkannt haben, dass trostlose Wohngegenden Vandalismus und Gewaltbereitschaft fördern. Im Londoner Stadtteil Hackney konnte gezeigt werden, wie die gestalterische Veränderung eines Wohnquartiers dazu führt, dass die Bewohner beginnen, achtsam mit ihrer Umgebung umzugehen und sich aktiv dafür einsetzen, den »schönen« Status zu erhalten. Das Urban Village Projekt von Prinz Charles in Poundbury ist ein Beispiel dafür, wie gestalterische Elemente, die von Architekten als unmodern abgelehnt werden, bei den Bewohnern Gefühle des Wohlbefindens und des Zuhauseseins erzeugen. In einer solchen Atmosphäre entfalten sich wiederum bessere soziale Beziehungen. Architektur kann folglich auch im nicht-sakralen Bereich dazu beitragen, eine Form der Verbundenheit zu schaffen.

Hierfür ist jedoch die Beachtung gestalterischer Prinzipien notwendig, die sich neben der Berücksichtigung der Umwelt an universalen Gesetzmäßigkeiten ausrichten. Nicht selten zeigen sich diesbezüglich in der modernen Stadtplanung Defizite. Städteplanung hat auch die Aufgabe, öffentliche Räume zu schaffen, die über eine Einladung zum Verweilen zu Begegnungsstätten werden. Das scheitert häufig nicht nur an der Verwendung kalter Materialien wie bspw. Stahl für Sitzgelegenheiten. Elemente dieser Plätze werden entgegen geometrischer Gestaltungsgesetze angeordnet. Ein Platz mit einem Brunnen exakt in seiner Mitte wirkt im Allgemeinen weniger einladend als ein Platz, dessen zentrales Element geringfügig aus dem Zentrum verschoben ist. Die meisten Menschen könnten zwar nicht einmal ausdrücken, was genau sie anspricht, doch unterbewusst fügt sich diese veränderte Geometrie harmonisch in ihr Empfinden ein. In der Regel halten sich an derartigen Plätzen viele Menschen auf, während das für moderne Plätze nicht in derselben Weise gilt. Hinzu kommt, dass die mangelnde Berücksichtigung von Windrichtungen sowie die fehlende Anordnung Wind brechender Elemente zu Straßenzügen führt, die den natürlichen Wind wie eine Düse verstärken und damit Umgebungsbedingungen schaffen, die das Verweilen verleiden.

Weil Architektur – mehr oder weniger geschmackvoll – Stimmungen hervorruft oder verändert, ist sie dem Menschsein dienlich, wenn sie über die Einhaltung universal gültiger Gestaltungsrichtlinien Harmonie erzeugt. Insofern kann Architektur auch ein Zeichen der Wertschätzung sein. Firmeneigene Arbeiterwohnungen des beginnenden zwanzigsten Jahrhunderts waren keine Paläste, verfügten aber über eine ansprechende Gestaltung und über Merkmale, die über die reinen Wohnbedürfnisse hinausgingen. Dagegen stehen in der heutigen Zeit stets Renditeerwägungen im Vordergrund, die zu Zweckbauten führen. Deren Wirkungen auf den Menschen verstärken nicht selten an Großstadträndern soziale Probleme, die unter anderem eine Folge der intuitiv wahrgenommenen, mangelnden Wertschätzung sind.

Die Veränderung im Ausdruck der Gebäude lässt sich an einem weiteren Charakteristikum feststellen. Der Einsatz moderner technischer Möglichkeiten hat auch hier dazu geführt, dass der Mensch weniger in und mit der Natur baut. Es entstehen monolithische Gebäude, deren Architekten sich über Größe sowie die sensationellere Überwindung statischer Grenzen zu übertrumpfen suchen. Der veränderte Ausdruck entsteht aber nicht allein wegen ihrer Maße. Diese Gebäude sind unnahbare Egoisten. Eine Ansammlung von Monolithen ruft allerdings andere Empfindungen hervor als ein Ensemble, das sich in einem Gesamtgefüge präsentiert. Der Turm aus Glas und Stahl erzeugt andere Empfindungen als bspw. das Empire State Building, das noch klassischen Gestaltungsparametern folgt. Weisen diese Monolithen zudem asymmetrische Fensteröffnungen auf, wirken sie wie dekonstruktivistische Gemälde von Picasso, ohne einen erhebenden Impuls zum Ausdruck zu bringen. Der Mensch ist jedoch inzwischen daran gewöhnt, überall nach dem Absurden, Lasterhaften oder Unzulänglichen zu suchen. Die Universalität geometrischer Muster als objektiviertem Ausdruck harmonischer (heiler, heilender, erhabener, erhebender), durch Verbundenheit gekennzeichneter energetischer Zustände und Strukturen sowie deren positive Wirkung auf die Psyche ist

dagegen weitgehend in Vergessenheit geraten. Wenn diese harmonischen Prinzipien der Gestaltung jedoch nicht
mehr beherrscht werden, setzt eine Negativspirale ein,
weil derjenige, der nicht mehr in dieser Weise gestalten
kann, Scheinargumente dafür suchen wird, warum harmo-
nische Gestaltung als altmodisch zu betrachten ist.

Es geht jedoch nicht um die Frage, ob die Art und Weise
der Gestaltung altmodisch ist. Architektur, reduziert auf eine funktionalistische Sicht, verbunden mit einer disharmo-
nischen Vorstellung von Ästhetik, wird nicht mehr ihrer
dem Menschen dienenden Aufgabe gerecht. Anstatt den
Menschen in seinen Verbundenheit ausdrückenden Ge-
mütslagen zu unterstützen und sein Bewusstsein zu wecken, sich als integrativen Bestandteil zu sehen, ist er von
dem Gedanken getrieben, sich über die Natur zu stellen.
Aber die Natur – präziser formuliert: der Planet Erde – bildet das dem Menschheitsholon übergeordnete Holon, in
dem es aufgeht. Genau das spiegelt sich letztlich in der
Architektur wider. Ein Raum ist ein Teil-Holon eines Hau-
ses, das ein Teil-Holon eines Straßenzuges darstellt, der
ein Teil-Holon einer Stadt bildet. Diese Holone weisen eine objektive und eine subjektive Seite auf, indem ihnen
über die Art der Gestaltung eine Stimmung immanent ist,
die sich auf den Menschen übertragen kann. Die Architektur – und ganz allgemein die Gestalt von Objekten – ist
demzufolge in der Lage, den Menschen dabei zu unterstützen, Gefühle und Stimmungen zu erleben oder beizu-
behalten, die Ausdruck von Verbundenheit sind. Dadurch
dient sie auch den religiösen Ambitionen des Einzelnen.

Diese Sichtweise geht wie oben dargelegt über sakrale Bauten hinaus, auch wenn bspw. Kathedralen in besonderer Weise die Aufgabe zukommt, das Bewusstsein für ein sehr viel größeres Ganzes zu öffnen.

23 Einende Essenz

Eine religiöse respektive spirituelle Praxis hat zum Ziel, die eigene Seele zu schauen. »Die Wogen der Seele kommen von Gott«, wie Meister Eckhart formuliert hat, »so dass Gottes Geburt in der Seele stattfindet.« Daher wird mit dem Blick auf die Seele das Bewusstsein unweigerlich auf ein größeres Ganzes ausgerichtet. Unterschiedliche Bezeichnungen für dieses größere Ganze, das Gott genannt werden kann, führen nur dann zu einer divergierenden Sicht verschiedener religiöser Lehren, wenn davon ausgegangen wird, dass dieses Ganze lediglich ein philosophisches Substrat darstellt. Ansonsten bedeutet diese Annahme einen Widerspruch in sich. Mehr als ein Ganzes kann es zu einem bestimmten Zeitpunkt an einem bestimmten Ort nicht geben, sonst wäre es kein Ganzes.

Auf der objektiven Ebene fällt es nicht schwer, Teil und Ganzes zu begreifen. Die Erde stellt einen Teil dieses Sonnensystems dar, das ein Teil einer Galaxie ist, die wiederum einen Teil des Kosmos bildet. Ganz allgemein kann der objektive Teil des Seins wie im Taoismus als Urgrund bezeichnet werden. Doch hat man gleichzeitig verstanden, dass der benennbare Urgrund lediglich der sichtbare Ausdruck von etwas ist, das der einfachen sinnlichen Wahrnehmung verborgen bleibt, dem unbenennbaren Urgrund. Dieser Gedankengang ist durchaus plausibel, weil es eine nicht sichtbare Grundlage für die Dynamik von Objekten gibt: Energie. Eine Möglichkeit, unterschiedliche Qualitäten von Energie zu beschreiben besteht darin, sie bildhaft zu fassen. Aus diesem Grund haben theistische Religionen in analoger Ableitung vom Menschen personale Bezüge gewählt. Dabei wurde darauf geachtet, Gott (Allah, Brahman) keine Figürlichkeit zu verleihen, weil er sich der einfachen Erkenntnis als unbenennbarer Urgrund entzieht. Er hat aber (einen) Namen, denn am Anfang war das Wort, damit ein Klang, folglich Energie, die eine bestimmte Schwingung und infolgedessen eine bestimmte Qualität aufweist. Verdeutlichen lässt sich das anhand von Musik, in der kombinierte oder in einem bestimmten Rhythmus wiederholte Schwingungen Gefühle hervorrufen. Die der Schwingung innewohnende Qualität überträgt sich auf den Resonanzkörper Mensch. Ein Teil dieser Schwingungen repräsentiert zudem unterschiedliche archetypische Charaktere, die religiös als Götter (Polytheismus) oder höhere Engel (Monotheismus) auch figürlich dargestellt werden können, weil sie »lediglich« Teilaspekte der subtilen Seite des Seins versinnbildlichen. Für ein tieferes Religionsverständnis ist es jedoch wichtig, sich stets vor Augen zu führen, dass diese Figuren nicht die objektive Seite von Personen abbilden. Es handelt sich um energetische Entitäten (auch von Gruppen), denen eine bestimmte Qualität innewohnt. Ein einfacher Engel ist schließlich nichts anderes als die (unsterbliche) Seele eines Menschen, über die er mit dem großen Ganzen verbunden ist. Unabhängig von der religiös gewählten Bezeichnung handelt es sich dabei um die Urenergie, die alles durchdringt und deren

Qualität im Menschen als Mitgefühl und selbstlose Liebe sichtbar werden kann.

Dieses sehr alte Wissen wird von immer mehr Menschen verworfen, weil seit der Aufklärung in immer mehr Lebensbereichen das Streben nach eigenen Erfahrungen durch wissenschaftlich geprägte Überprüfungsmethoden ersetzt wird. Der Antrieb zu sachgerechter Forschung hinsichtlich dieses Wissens sowie daraus resultierender Schlussfolgerungen setzt aber voraus, diese für möglich zu halten. Das impliziert, Bewusstsein nicht ausschließlich als ein über das Denken herstellbares Phänomen zu betrachten. Wie selbstverständlich nimmt allerdings bspw. ein Psychiater in seinem Buch an, dass ein Photon kein Bewusstsein haben könne. Doch dieser Schluss beruht lediglich auf der Annahme intellektueller Bedingtheit jedweden Bewusstseins. Erfahrungen in tiefer Meditation zeigen hingegen, dass ein auf Gedanken basierendes Bewusstsein in seiner alltäglichen Form lediglich einen kleinen Ausschnitt des Gesamtbewusstseins bildet, das um viele Grade weiter und feiner ist.

Daran schließt sich das Problem an, wie ein derartig verfeinertes Bewusstsein mit den derzeit verfügbaren technischen, zumeist auf den objektiven Teil des Seins ausgerichteten Verfahren erforscht werden kann. Bei dem aktuellen Stand der zur Verfügung stehenden Methoden scheitert jeder Überprüfungsversuch an der Subtilität des Untersuchungsgegenstandes. Das lässt sich anhand des intuitiven Wissens verdeutlichen, das mittels Technik oder durch Maschinen weder verstanden noch kopiert werden kann, weil diesen als künstlich geschaffenen Objekten die Allverbundenheit fehlt. Intuitiv kann der Mensch Dinge wissen, die er eigentlich nicht wissen kann. Vermutlich jeder wird das schon einmal erlebt haben. Gezielt gefördert wird Intuition über Meditation, die das zwischen den Augenbrauen gelegene sogenannte »dritte Auge« öffnet bzw. sensibilisiert. Diese Öffnung ermöglicht ein Erfassen von Sachzusammenhängen, ohne auf intellektuelle Fähigkeiten zurückgreifen zu müssen. Erklärbar ist das, weil die Zeit lediglich ein Konstrukt ist. Vergangenheit, Gegenwart und Zukunft existieren nur in der menschlichen, linearen Vorstellung, während diese streng genommen in jedem Moment gleichzeitig vorhanden sind. Damit kann der Mensch im extremsten Fall an allen Informationen partizipieren, sobald sein Bewusstsein in der Lage ist, diese aufzunehmen. Es sei an die Erklärungen des Physikers Bohm erinnert, der das Gehirn lediglich als Empfänger betrachtet. Welche Informationen aufgenommen werden, hängt demnach einzig von der Ausrichtung des Bewusstseins ab.

Dieser Umstand erklärt, warum die Beschreibungen über die Ausgestaltung der inneren Ebenen (d.h. der subtilen Seiten mehrerer Holone oder des Seins) differiert. Selbst geübtere Menschen können selten ihr Bewusstsein auf alle subtilen Facetten ausrichten. Diese unterschiedlichen Perspektiven werden wiederum zum Anlass genommen, die Aussagen als widersprüchlich zu qualifizieren. Doch die Wahrnehmung bestimmter Strukturen und Sensationen ist immer davon abhängig, in welcher Weise das Bewusstsein ausgerichtet ist. Das verhält sich nur unwesentlich anders als in der Sinnenwelt. Betritt man eine Straßenbahn, in der ein bestialischer Gestank das Bewusstsein bindet, tritt ein gleichzeitig auftretendes Hupen eines Autos meist nicht in das Bewusstsein. Das ändert aber nichts daran, dass dieses objektiv stattgefunden hat. Erschwerend kommt hinzu, dass Bewusstsein und Energie identisch sind. Daher besteht bei der Betrachtung der inneren Ebenen nicht nur, aber insbesondere für den Anfänger das Problem, bspw. kaum unterscheiden zu können, ob er sein Bewusstsein bewegt und auf diese Weise einen Energiefluss anregt, oder ob sein Bewusstsein auf einen von seinem Individualbewusstsein unabhängigen Energiefluss aufmerksam wird. Zudem existieren auch Informationen, wie die Beschreibung der kosmischen Ordnung, die das Medium Dion Fortune in Trance vermittelt wurden, die für die Strukturen des menschlichen Verstandes sozusagen »zurechtgebogen« werden müssen, wodurch sie zum Teil an Präzision verlieren.

Verschärft wird das Akzeptanzproblem aufgrund der sich zunächst nicht widersprechenden Heterogenität der Beschreibungen, weil es tatsächlich Ausführungen gibt, die keineswegs einen realen Aspekt des Seins vermitteln. Besonders, aber nicht nur zu Beginn diesbezüglicher Bemühungen kann der Mensch nie ganz sicher sein, ob die in sein Bewusstsein dringende Information lediglich durch seinen eigenen Geist angeregt wurde. Manch einer erzählt schließlich tatsächlich Humbug, der seiner eigenen Fantasie entsprang. Auch darauf ist es zurückzuführen, dass religiöse Fanatiker und selbst Würdenträger mit mangelnder meditativer Praxis über die Jahrhunderte antireligiöse Inhalte als Botschaften Gottes ausgaben. Entsprechend ihrem Einfluss haben sie damit erheblichen Schaden für die Menschen angerichtet und richten ihn bis heute an.

Diese »Schäden« fördern wiederum die mangelnde Akzeptanz für derartiges Wissen, so dass eigene anhaltende Bemühungen ausbleiben, an zumindest Teilen dieses Wissens teilzuhaben. Hinzu kommt, dass einiger Aufwand und Zeit notwendig sind, bis eine bestimmte Erkenntnisschwelle überschritten wird. Mit dem »dritten Auge« verhält es sich bspw. wie mit einer Tür. Mit einem Schlüssel kann eine abgeschlossene Tür geöffnet werden, um sich ihrer Funktion zu bedienen. Steckt der Schlüssel im Schloss, wird er von allen genutzt. Hängt er in einem Kästchen im Keller, zögern die ersten. Spätestens, wenn der Schlüssel erst noch gefunden werden muss, wählen fast alle einen anderen Weg und entwickeln Meinungen dazu, warum man diese Tür gar nicht benötigt. Ähnlich läuft es im Falle des »dritten Auges« ab. Eine eigene Überprüfung unterbleibt aufgrund der aufwendigen meditativen Bemühungen, die hierfür notwendig sind. Damit wird es unterlassen, sich eine eigene Wissensbasis zu schaffen, ohne die selbst ein ansatzweises Erfassen subtilerer Zusammenhänge nicht denkbar ist.

Doch auch wenn diese subtile Seite des kosmischen Holons für den Menschen nicht exakt erfassbar ist – insofern rechtfertigt sich die Formulierung eines unbenennbaren Urgrunds oder eines Verbots figürlicher Gottesdarstellung –, gibt es keinen Grund, (1) diese zu leugnen (denn auch die objektive Seite ist längst nicht widerspruchsfrei oder vollständig verstanden) und (2) ihre Existenz als unendliche Basis der menschlichen Seele zu negieren. Selbst über die unterschiedlichen Ausprägungen religiöser Riten der verschiedenen Religionen lässt sich keineswegs der Schluss herleiten, es handele sich dabei um eher folkloristische Elemente einer naiven Seinsvorstellung. Die Divergenz in der Ausgestaltung der Glaubensinhalte und -praktiken ist den Erfahrungen des jeweiligen Initiators einer Religion geschuldet. Entsprechend wurden Riten und Praktiken entwickelt, um einzelnen Menschen und Gruppen auch nachfolgender Generationen dieselben notwendigen Erfahrungen zu ermöglichen, die ein Schauen der Seele und damit ein Leben in Verbundenheit und Selbstachtung erlauben.

Hinsichtlich dieser Praktiken muss unterschieden werden. Grundsätzlich sind Religion und Gesundheit nicht einfach voneinander zu trennen. Das zeigt sich an den Übungen, die unmittelbar das Ziel verfolgen, die Seele wieder zu schauen. Diese verbessern gleichzeitig den gesundheitlichen Status einer Person. Daneben haben sich auf der Basis von Erfahrungen sowie der Wahrnehmungen auf den inneren Ebenen je nach geographischen und/oder zeitlich bedingten Umständen unterschiedliche religionstypische Richtlinien für eine gesunde Lebensweise herausgebildet. Diese verfolgen den Zweck, die körperliche Gesundheit zu stützen sowie die notwendigen spirituellen Übungen körperlich besser meistern zu können. Während das jeweilige religionsspezifische Vorstellungsgebäude in seiner Abstraktion zur Beschreibung energetischer Zusammenhänge ortsunabhängig und zeitlos ist, gilt das nicht in gleicher Weise für diese gesundheitsbezogenen Richtlinien. Aufgrund sich ändernder Umwelt- und Lebensumstände können diese obsolet werden und zur Erreichung eines höheren Nutzens, der sich auf einen selbst, andere oder die Umwelt beziehen kann, veränderbar sein. Anders verhält es sich mit den Elementen, die unmittelbar auf die Rückschau der Seele abzielen. Doch gerade an ihnen offenbart sich das Problem der Weitergabe über Generationen hinweg.

Der Initiator einer Religion verfügte über die umfassendsten Erfahrungen auf den inneren Ebenen, die nur selten von Menschen erreicht werden. Während die Menschen zu dessen Lebzeiten noch indirekt davon profitierten, verliert sich dieser Effekt, wenn es keinen ähnlich fortgeschrittenen Nachfolger gibt. Mit mangelnder Erfahrungstiefe reduziert sich jedoch das Verständnis der überlieferten Inhalte. Spätestens die Auswahl eines Oberhauptes durch Mehrheitsentscheid oder Einsetzung beschleunigt diesen Prozess, weil das Amt nicht mehr von der Erfahrungstiefe (die etwas ganz anderes als angelesenes Wissen bedeutet) seines Inhabers abhängt. Wenn in einer derartigen Situation schließlich die exakte Anwendung des Überlieferten aufgegeben wird, sinkt die Fähigkeit der religiösen Praktiken im Hinblick auf ihre Wirksamkeit, mit ihrer Hilfe die Seele zu schauen. Dieser Prozess hat sich über die Jahrhunderte in weiten Teilen religiösen Lebens vollzogen. Am Ende führt er dazu, dass die unreflektierte Einhaltung religiöser Regeln von den Institutionen eingefordert, aber auch von den Gläubigen als ausreichend angenommen wird, um ein gottgefälliges Leben zu führen. Damit ist aber nicht nur die Erfahrung der einenden Essenz der Religionen, sondern bereits das Wissen darüber verlorengegangen. Nur auf dieser letztlich areligiösen Stufe bricht sich die mangelnde Selbstachtung (des Einzelnen, aber auch einer Gemeinschaft) in einem gottlosen Konflikt gegen andere Bahn, weil ohne den Blick auf die Seele, Gottes Wogen nicht wahrgenommen werden.

Da spirituelle Übungen bereits bei eingeschränkter Erfahrungstiefe das Bewusstsein für Verbundenheit und die einende Essenz der Religionen entwickeln, ist es nicht nur zulässig, sondern auch geboten, sich einer entsprechenden Praktik zuzuwenden. Dagegen sind insbesondere in westlichen Religionsgemeinschaften spirituelle Übungen im Alltag verloren gegangen, die zur Transformation des Geistes geeignet sind und für die notwendige Form des Glaubens benötigt werden. Das liegt neben dem Unwissen auch an Bestrebungen zur Machterhaltung, gekoppelt mit einem Vertrauensverlust im Zuge der Aufklärung – sowie an einem kleinen Risiko, das entsprechende verfügbare Techniken beinhalten können.

24 Religiöse Magie

Mittels spiritueller Praktiken lässt sich die Seele schauen und das Bewusstsein für Verbundenheit wieder wecken. Dass die entsprechenden Übungen mit einem Risiko verbunden sein sollen, überrascht zunächst. Deshalb muss ein genauerer Blick offenlegen, wie es zu dieser Einschätzung kommt, und klären, ob oder unter welchen Umständen das für den Praktizierenden relevant werden könnte.

Die menschliche Existenz besteht aus einem objektiven und einem subjektiven Teil-Holon. Gleiches gilt für den Planeten Erde, unsere Galaxie, unser Universum oder den gesamten Kosmos. Aus der Perspektive des Ganzen lassen sich die rangniederen Holone als unterschiedliche Ebenen auffassen, die alle miteinander verknüpft sind. Aufgrund dieser Vernetzung führen die Übungen zum Schauen der Seele gleichfalls zum Erforschen und Erkennen dieser inneren Seinsebenen. Da Bewusstsein ein zwar eigenständiges, aber mit der zu Tätigkeit anregbaren Urenergie verbundenes Gefüge bildet, eröffnet sich dem Übenden durch sein erweitertes, verfeinertes und angehobenes Bewusstsein die Möglichkeit, stärker und zielgerichteter auf den inneren Ebenen Einfluss zu nehmen. Deren Veränderungen schlagen sich wiederum in den objektiven Teil-Holonen nieder. Dieser Vorgang geschieht laufend in sehr einfachen Formen. Wenn ein Schreiner einen Tisch entwirft, nimmt dieser zunächst im Geiste eine Form an. Der

Entwurf objektiviert sich schließlich zu einem physisch existierenden Möbelstück, das man nutzen kann.

Auch Wünsche realisieren sich, indem sie Veränderungen auf den inneren Ebenen bewirken, die sich im Dasein niederschlagen. Das lässt sich an einem zunächst harmlos wirkenden Beispiel verdeutlichen. Wer dringend einen Parkplatz benötigt, hofft meistens auf sein Glück und wird regelmäßig enttäuscht. Wer sich hingegen in der korrekten Form einen solchen wünscht, findet einen. Der Unterschied in beiden Fällen liegt darin, dass im Fall des Hoffens Zweifel am Erfolg bestehen, während bei einem absolut zweifelsfreien Wunsch – wie das Sprichwort zutreffend feststellt – der Glaube Berge versetzt. Von dem Grad der Klärung des Unterbewusstseins hängt es wiederum ab, wie stark dieser Glaube und die damit verbundene Energie ist, die dem Wunsch seine Kraft zur Umsetzung verleiht. Aus diesem Grund wird es mit wachsendem Umfang eines Wunsches immer schwieriger, den rechten Glauben und die notwendige Energie für seine Objektivierung aufzubringen. Auf diese Weise begrenzt der jeweilige spirituelle Entwicklungsstand die Möglichkeiten, Einfluss auf den inneren Ebenen zu nehmen. Aber selbst wenn die spirituelle Entwicklung nur bis zu einem partiell geklärten Unterbewusstsein erfolgt ist, sei es aufgrund mangelnden Fortschritts, eines reduzierten Verständnisses der Zusammenhänge oder einer anderen Zielrichtung, lässt sich die eingeschränkte Entfaltung von Energie durch magische Techniken zumindest bei einfacheren Anliegen kompensieren. Magische Rituale und Handlungen verleihen dem dahinterstehenden Gedanken über die Kopplung mit einer fremden Emotion mehr Energie, als der durch das Transformationsniveau des Geistes bestimmten Reife des Anwenders zukommt – und kann zu einem Schaden führen.

Abgesehen von einem Akt willentlicher Schädigung aus egoistischen Motiven, besteht die Gefahr eines Schadens auch deshalb, weil kaum jemand in der Lage ist zu überschauen, welche Konsequenzen eine derartige Intervention mit sich bringt. Zur Verdeutlichung soll noch einmal die Parkplatzsuche herangezogen werden. Möglicherweise hätte dort das Auto eines älteren Herrn gestanden, der nach der Formulierung des Parkplatzwunsches durch einen Dritten nur deshalb nicht dort parkt, weil er in einen tödlichen Unfall verwickelt wurde. Er könnte aber auch nur verspätet aus dem Haus gegangen sein und ein Kind aufgefangen haben, das versehentlich von einem Balkon im zweiten Stock fiel. Es ist nicht gesagt, dass die Konsequenz aus der Verschiebung auf den inneren Ebenen notwendig nur negativ ausfällt. Tatsache bleibt jedoch, dass eine derartige Verschiebung eine Wirkung entfalten muss und der Verursacher diese in der Regel nicht einschätzen kann. Deshalb wird ein verantwortungsbewusster Mensch keinen Einfluss nehmen, der nicht das Wohl des Ganzen zum Ziel hat.

Das erklärt folgende Definition: Magie ist die willentliche Bewusstseinsveränderung mit dem Ziel, ein selbstbewusstes, selbstbestimmtes, kreatives Leben zu führen und dabei niemandem zu schaden. Über diesen Zusatz wird eine

scharfe Trennlinie gegenüber der missbräuchlichen An-
wendung magischer Techniken gezogen, die als schwarze
Magie bekannt ist (und weitgehend das Verständnis von
Magie aufgrund seiner Verarbeitung in Büchern und Fil-
men prägt). Niemandem zu schaden bedeutet in letzter
Konsequenz, den dienenden Charakter der menschlichen
Existenz zu verinnerlichen, der sich unwillkürlich einstellt,
wenn das eigene Verhalten von Mitgefühl und selbstloser
Liebe bestimmt wird. Insofern handelt es sich bei der obi-
gen Definition um sogenannte weiße (lichte) Magie. Berücksichtigt man, dass spirituelle Übungen zu einer Rückschau auf die Seele führen und dies auch bedeutet, über
einen Geist auf deren Schwingungsniveau zu verfügen,
der erst ein seelenbewusstes, seelenbestimmtes sowie
kreatives Leben ermöglicht, sind die Zielsetzungen einer
umfassenden religiösen Praxis und einer magischen Schulung dieselben.

Das mag auf den ersten Blick verwundern, ist aber letztlich
wenig überraschend, weil Holone aller Ebenen miteinander verknüpft sind. Im Allgemeinen ist Religionen daher
magisches Wissen eigen, das aus mehreren Gründen ge-
hütet wird. Weder magische Techniken noch das zugrunde liegende Wissen sind notwendig, um die Seele zu
schauen. Außerdem ist der Nutzen dieser Techniken von
geringem Wert, wenn sich der Ausübende der lichten Magie zugewandt hat. Weil magische Techniken nie zum
Schaden anderer eingesetzt werden sollten, bleiben im
Wesentlichen Schutztechniken zur Anwendung übrig.
Wird in die Überlegungen einbezogen, dass es sich bei ei-

nem Schutzengel um die eigene Seele handelt, bedarf es nach dem Schauen derselben keines weiteren Schutzes. Sicherheit hängt vor allem davon ab, zweifelsfrei daran zu glauben, dass alles gut und auch zum eigenen Besten wird und ist – anders ausgedrückt, dass Gott für einen sorgt. Gleichzeitig besteht aber bei der alleinigen Anwendung magischer Techniken die nicht zu unterschätzende Gefahr, dem Zugang zu stärkerer Macht zu erliegen und Entscheidungen zu treffen sowie umzusetzen, die nicht der Seele und Gott dienen. Die Filmepisoden von »Star Wars« (insbesondere 4-6) sind diesbezüglich ein sehr gutes Beispiel, weil die Folge, ein mögliches Abgleiten auf die »dunkle« Seite der Macht, anschaulich visualisiert wird. Diese Gefahr besteht, sobald die inneren Ebenen erforscht werden, ohne den Geist in seiner Funktionsweise grundlegend zu verändern, so dass der Kontakt zur Seele ausbleibt. Angesichts des aufgezeigten Risikos einer magischen Schulung bei gleichzeitig geringem Nutzen ist ein Gebot zum Verzicht auf spezifisch magische Techniken oder zur Begrenzung ihrer Verbreitung gerechtfertigt, auch wenn die lichte Magie letztlich dasselbe Ziel, Menschwerdung und Heiligung, wie alle Religionen verfolgt.

Damit ist keinesfalls entschieden, ob sich diese Haltung auf spirituelle Praktiken übertragen lässt, nur weil sich über diese die Möglichkeiten zur Einflussnahme auf den inneren Ebenen (als Begleiterscheinung) ebenfalls verstärken. Immer wieder sind bspw. bedeutende Magier nach Indien gereist, um durch Erfahrungen im Yoga den Anteil der spirituellen Übungen innerhalb ihrer Entwicklung zu erweitern und qualitativ zu verbessern. Hieraus den Schluss zu ziehen, neben den magischen Techniken auch spirituelle Übungen zu diskreditieren und zu unterdrücken, ist vorschnell und unklug. Spirituelle Praktiken und hierbei vor allem die Mantra-Meditation bilden das Fundament einer auf die Seele und Gott ausgerichteten Transformation des Geistes. Damit stellen gerade diese Praktiken sicher, sich für den Dienst am Ganzen zu entwickeln. Die innerhalb der kirchlichen Institutionen verbreitete Annahme, die Ausführung religiöser Riten und Handlungen alleine genügten, um die Einheit mit Gott zu erfahren, erweist sich seit Langem für die absolute Mehrheit der Menschen als unzutreffend. Die Geschichte beweist eindrücklich, dass diese Einschätzung mangelnder Erfahrung der Würdenträger geschuldet ist. Es sei noch einmal daran erinnert, wie wichtig es ist, darauf zu achten, nicht ausschließlich spirituelle Praktiken einzusetzen, über die lediglich bewusstseinsnahe Schichten des Geistes erreicht werden. Über diese wird noch keine tiefgreifende Umstrukturierung des Geistes erreicht, auch wenn ihre Anwendung bereits sehr positive Veränderungen für den Übenden mit sich bringt. Aber solange der Geist sich nicht auf dem Schwingungsniveau der Seele befindet, handelt der Mensch nicht unbedingt im Sinne der Verbundenheit. Nur wenn das Bewusstsein auf die Seele ausgerichtet ist, wird eine Situation einschließlich ihrer Lösung zutreffend wahrgenommen. Die Unterdrückung kompletter Systeme spiritueller Praktiken ist somit kontraproduktiv, will man den Menschen ermöglichen, ihr Potenzial vollständig auszuschöpfen.

Im Gegensatz zu einer generellen Ächtung spiritueller Praktiken und magischer Techniken wurde im Osten ein anderes Vorgehen gewählt. Um der Gefahr eines Missbrauchs von vorneherein aus dem Weg zu gehen, wurden bspw. die nicht öffentlich bekannten Übungen des Yogas teilweise bis in das zwanzigste Jahrhundert hinein erst nach Beobachtung von sieben Generationen einer Familie an eines ihrer Mitglieder vermittelt. Es sollte zuerst sichergestellt werden, dass der Schüler über die Integrität verfügte, mit den neu gewonnenen Einsichten verantwortungsvoll umzugehen. Während weiterhin spezifisch zur Magie befähigende Techniken zumindest überwiegend nicht der Allgemeinheit zugänglich gemacht werden, hat sich das bezogen auf die spirituellen Übungen des Yogas verändert. Die Erfahrung scheint zu belegen, dass die Angst vor den Risiken für einen wachsenden Menschen in der Regel unbegründet ist. Die für den Fortschritt erforderliche systematische, langjährige Praxis schützt letztlich weitgehend vor Missbrauch oder unbedachten Fehlern. Der Einzelne profitiert hingegen sehr, weil er einen effizienten Weg beschreiten kann, der ihm neben dem Schauen seiner Seele Freude, einen klaren Verstand und ganz allgemein Gesundheit beschert. Es entwickelt sich eine soziale Kraft, die sich zuerst und in aller Deutlichkeit innerhalb der Familie niederschlägt.

25 Wachsende Familie

In den Teilen der Welt, in denen der Einzelne ausschließlich als getrenntes Individuum wahrgenommen wird, verwundert der Ansatz vielleicht, eine Familie über mehrere Generationen zu prüfen, bis eine Einführung in eine spirituelle Methode erfolgt. Einleuchtender wird das, wenn man bedenkt, dass Kinder das Verhalten ihrer Eltern in gewissen Zügen übernehmen, auch wenn diese sich häufig nicht für deren Verhalten verantwortlich fühlen. Teilweise gestehen sich Eltern immerhin ein, im Rahmen einer unerfreulichen Auseinandersetzung durch ihr eigenes Handeln dasjenige der Kinder hervorgerufen zu haben. Umgekehrt weisen Kinder meist weit von sich, Verhaltensmuster ihrer Eltern aufzuweisen. Doch eine vertiefende Betrachtung offenbart sogar noch einen weitergehenden Grad der Verknüpfung.

Bei einer genauen Analyse werden sich immer wieder Ereignisse im Leben eines Menschen zeigen, die ihn mehr oder weniger stark überfordern. Dabei lassen sich meist mehrere Typen von Situationen finden, die sich jeweils in ihrem Kern ähneln. Der erfolgreiche Umgang mit den Kernthemata ist erschwert, weil die Ausrichtung des Bewusstseins respektive die Funktionsweise des Geistes eine souveräne Handhabung verhindert. Gibt man den individualistischen Blickwinkel auf, wird sich einerseits in den meisten Fällen herausstellen, dass mindestens ein Elternteil bei der Bewältigung derselben Problematiken Schwierigkeiten hat. Andererseits bildet sich durch das Fortführen der Familie aber eine neuartige Kombination von Fähigkeiten und Charaktermerkmalen heraus. Das Kind vereint in der nächsten Generation bestimmte Eigenschaften beider Elternteile, während andere wegfallen. Das kann sich auf verschiedene Weise im Umgang mit diesen Situationen auswirken. In Abhängigkeit von der konkreten Kombination der Eigenschaften des Kindes kann die Reaktion positiver, negativer oder unverändert ausfallen. Über diese generationenübergreifende Beobachtung lässt sich somit ableiten, in welcher Weise sich eine Familie entwickelt.

Dieser rein beobachtenden Perspektive lässt sich eine psychosozial dynamische hinzufügen. Deren Wurzel findet sich in dem zur Entstehung von Krankheit verfügbaren Wissen. Beginnend um die Zeugung legen Eltern über ihr Verhalten fest, inwieweit der Prana-Körper des Kindes aus seiner Balance gerät. Es entsteht eine Störung auf energetischer Ebene, die entsprechend den Energiefluss in den Chakren beeinträchtigt. Der Gesundheit abträgliche (weil Ganzheit verlassende und damit Selbstachtung verhindernde) mentale und emotionale Muster stellen sich ein. Diese Muster bleiben meist unbewusst oder zumindest unreflektiert. Je nach dem Grad der Beeinträchtigung wirken sie sich ebenso wie parallel entstandene physische Symptome zunächst unauffällig aus und entfalten sich erst prägnanter, wenn Situationen eintreten, durch die sie verstärkt werden. Das lässt sich wie eine Kerbe denken, die sich bei entsprechender Belastung stetig vertieft. Eltern werden folglich in Konfliktsituationen mit mentalen Mustern und Emotionen der Kinder konfrontiert, die sie selbst über ihr Verhalten auf energetischer Ebene bereits in früher Kindheit oder sogar vor der Geburt ausgelöst haben. Sollten sich die Eltern bis zur Zeugung der Kinder nicht grundlegend in ihrer Persönlichkeit verändert haben, befinden sich die Kinder auf derselben Stufe wie ihre Eltern zu deren Lebensbeginn. Immerhin verfügen sie über eine Neukombination von Eigenschaften mit dem Potenzial zu einer positiven Veränderung.

Aufgrund dieser Überlegung läge es nahe, wenn Eltern sich vor der Zeugung ihres Nachwuchses über sich selbst klar würden. Jegliche Bemühungen der Eltern, den eigenen Geist zu transformieren, verbessert die Ausgangssituation ihrer Kinder, weil sich über jede Anhebung des Bewusstseins der Eltern mit der Zeit auch ihr Verhalten verändert. Je näher und häufiger die Schwingung des Geistes der Eltern an dem ihrer Seele liegt, desto weniger entstehen vor und nach der Geburt Störungen im Prana-Körper des Heranwachsenden. Das bedeutet eine stabilere Selbstachtung des Kindes, verbunden mit einem klarer arbeitenden Geist und weniger schädlichen, zur Trennung führenden Emotionen, die die Distanz zur Seele verstärken. Darüber hinaus bilden die Eltern positivere Beispiele zur Situationsbewältigung. Die Familie wird zu einem geschützten Raum, in dem das Kind sich im Vertrauen auf die wahrgenommene Verbundenheit frei von Zweifeln entwickeln und die Welt erfahren lernt. Im besten Fall geht die

Empfindung von Einssein in diesem sozialen Mikroraum nie ganz verloren. In einer auf diese Weise wachsenden Familie fällt es den nachfolgenden Generationen schließlich immer leichter, über spirituelle Übungen das eigene Potenzial auszuschöpfen – oder anders formuliert, die eigene Seele wieder zu schauen und den Kontakt zu Gott herzustellen.

Daraus lassen sich Rückschlüsse für die Partnerwahl treffen, die erheblichen Einfluss auf die Entwicklung einer Familie hat. Das Gebot, »der Mensch soll nicht trennen, was Gott zusammengefügt hat«, ist die Grundlage einer religiösen Ehegemeinschaft. Von Gott zusammengefügt wird ein Paar erst, wenn beide Partner sich auf der Ebene der Verbundenheit begegnen. Dazu muss der Geist sich zumindest überwiegend auf dem Schwingungsniveau der Seele befinden. Nur wer über das notwendige Maß an Selbstachtung verfügt, kann den anderen entsprechend achten. Wird die Verbindung aus einem mit Liebe verwechselten Gefühl eingegangen – sexuelle oder äußere Attraktivität, den anderen knacken oder ihm eigentlich nur helfen wollen, finanzielle Sicherheit, politische Kontakte, Prestige, etc. –, kann nicht von einer Zusammenfügung durch Gott gesprochen werden. Daran ändert sich auch durch eine folkloristische Veranstaltung in einer Kirche nichts, die nicht von einer Gotteserfahrung oder zumindest einer derartigen Ahnung ernsthaft getragen wird. Unter diesen Bedingungen zwei in einen starken persönlichkeitsbedingten Konflikt geratene Menschen zu einem Festhalten an einer Partnerschaft drängen zu wollen, missachtet die fehlende Grundlage. Genau genommen dürften kirchliche Institutionen Trauungen, die nicht von beseelter Liebe getragen werden, überhaupt nicht durchführen.

Dass es Paare gibt, die trotz Fehlens dieser Dimension gut miteinander auskommen, liegt an der Kombination ihrer Eigenschaften. Wenn diese sich ergänzen, bleiben die Partner bei konstanten Wesenszügen kompatibel, solange kein störender Anlass von außen auftritt. Eine Beziehung gewinnt sogar an Qualität, wenn aus der Kombination der Eigenschaften eine gegenseitige Unterstützung zur Transformation des eigenen Geistes erwächst. Nähern sich beide der dienenden Ebene der Verbundenheit an, können sie von dem gemeinsamen Fundament Liebe und Mitgefühl über die Grenzen der eigenen Familie ausweiten. Mit anderen Worten hat die Familie eine Ausrichtung ihres Bewusstseins erreicht, die den Boden für ein spirituelleres Leben bildet.

Ein morgendliches Sadhana hilft dabei, den Geist von den Verarbeitungsprozessen des Unterbewussten zu befreien, die während des Schlafes stattfinden. Dadurch wird das Bewusstsein wieder auf die Seele ausgerichtet und der Mensch zentriert. Im Laufe des Tages werden die auftretenden Ereignisse mehr oder weniger unterbewusst gespeichert und führen häufig zu einer Veränderung in der Ausrichtung des Bewusstseins, die sich entsprechend nuanciert in Verhalten und Worten spiegelt. Divergiert die Ausrichtung des Bewusstseins zweier (auch sich liebender) Menschen ungünstig, entsteht eine dazu äquivalente

Spannung, die für den nicht meditativ geübten Menschen häufig nicht wahrnehmbar ist. Allerdings sind diese unterschwelligen Spannungen, falls ein ungünstiger Umstand hinzutritt, der Grund für den Ausbruch einer Missstimmung oder gar eines Streits. Möglicherweise ergibt ein Wort das andere und beide wundern sich, nachdem sie Zeit hatten, darüber nachzudenken, warum das überhaupt geschehen ist. Die spirituellen Übungen einer wachsenden Familie helfen hier zunehmend bzw. verhindern solche Dissonanzen über drei Faktoren, sobald eine entsprechende Tiefe der Erfahrung erreicht wird. (1) Die Fähigkeit eines geübten Geistes, das Bewusstsein auszurichten, hilft beiden zu verstehen, inwieweit über die eigene situationsbezogene Ausrichtung eine harmonischere Reaktion denkbar ist bzw. gewesen wäre. (2) Ein sich transformierender Geist führt zu einer offeneren, von mehr Verständnis getragenen Kommunikation. Und (3) über eine gemeinsame spirituelle Übung nach einem getrennt verbrachten Tag mit unterschiedlichen Belastungen wird das Gruppenbewusstsein wieder hergestellt. Eine sich über den Tagesverlauf einstellende Divergenz der Partner in ihrem jeweiligen Individualbewusstsein wird aufgehoben und so eine von der Seele getragene Harmonie erzeugt, die keiner Anstrengung bedarf.

Insofern ist es sehr hilfreich für das religiöse Wachstum einer Familie, wenn sich beide Partner einer spirituellen Übung widmen. Ansonsten kann eine stärker abweichende Bewusstseinsentwicklung des einen und/oder des anderen zu einem Gefühl der Entfremdung beitragen. Der »Lohn«

dieser Bemühungen besteht nicht nur in einer anderen Qualität der Partnerschaft, sondern auch in einem optimaleren Start in das Leben für die nachfolgende Generation. Es ist daher neben der Frage des eigenen Glücks zudem eine Frage weitergehender Verantwortung.

26 Religion in der Zeit

Eine herausragende Familie bildet die Basis für das Christentum. Die Jungfrau Maria brachte Jesus Christus zur Welt, der sich stets auf der Ebene der Verbundenheit in selbstloser Liebe und Mitgefühl verhielt. Obwohl es in erster Linie auf die Betrachtung seines Lebens anzukommen scheint, enthält die Darstellung einen wesentlichen Schlüssel zum Verständnis, der eng mit dem vorhergehenden Kapitel verflochten ist. Doch die meisten religionskritischen Menschen halten sich vorschnell an der Formulierung »Jungfrau« auf, die einer späteren Übersetzung geschuldet ist. Dadurch übersehen sie den an dieser Stelle verborgenen Hinweis, der offensichtlich wird, wenn man zutreffend auf Marias *Reinheit* bei der Empfängnis abstellt. Diese Reinheit bezieht sich auf den Geist. Wenn dieser frei von jeglichem Gedanken ist, der nicht einer Haltung der Liebe und des Mitgefühls entspringt, spricht man von einem reinen Herzen, dem Sitz der Seele. Die Ansicht, die Gedanken seien frei, wird leider allzu oft als eine Banalisierung fragwürdiger Gedanken missverstanden. Jeder Gedanke hat das Potenzial, eine Verschiebung auf den inneren Ebenen hervorzurufen – sogar von einem Menschen, der nicht magisch geschult wurde, falls besondere Umstände hinzutreten, d.h. sozusagen auch aus Versehen. Richtigerweise bezieht sich dieser Ausspruch lediglich darauf, dass die Gedanken durch Dritte nicht eingeschränkt werden können. Welcher Art diese Gedanken und damit

Bilder einer dem Denken folgenden Realität sind, hängt wiederum von der Ausrichtung des Bewusstseins und folglich von der Klarheit des Geistes ab. Marias Geist war gemäß der Darstellung vollständig transformiert, so dass sich in ihrem Sohn eine sehr viel fortgeschrittenere Seele inkarnieren konnte. Somit stellt Maria eine Schlüsselfigur in der Entwicklung ihrer Familie dar.

Was das praktisch bedeutet, findet sich in der östlichen Lehre vom Karma. Diese besagt wertungsneutral, dass auf jede Aktion eine Reaktion folgt, die für den Agierenden relevant wird. Um es in einem Bild auszudrücken, könnte man von einem Bumerang-Effekt sprechen. Dabei weist die Reaktion dieselbe Qualität auf wie die sie auslösende Aktion. Eine »gute« Tat löst »gute« Folgen aus, eine »schlechte« Tat löst »schlechte« Folgen aus. Bezogen auf ein einzelnes Leben führt das zu einer Wiederholung gleichartiger Situationen, die letztlich nur die Folge des eigenen Denkens und Handelns sind. Gelingt es, in einer derartigen Situation sein unvollkommenes Handlungsmuster zu durchbrechen, bildlich gesprochen sein Ego respektive seinen von der Seele abgewandten Geist zu kreuzigen und ihn anzuheben, verändert sich die Qualität einer Aktion. Die auf diese Weise angestoßene Reaktion wird entsprechend eine äquivalente Qualität aufweisen. Der Mensch schafft sich somit über die Ausrichtung seines Bewusstseins seine Lebensumstände in gewisser Weise (auch) selbst.

Diese Betrachtung kann über ein einzelnes Leben hinaus

ausgedehnt werden, weil die Seele den immerwährenden Kern des Menschen bildet, über dessen physische Präsenz sie einen Lernzyklus absolviert. Der ist abgeschlossen, sobald der Geist vollständig transformiert wurde. Erst wenn die Ebene der Illusionen mit seinen Anhaftungen verlassen wurde, muss keine weitere Inkarnation auf dieser Ebene der Existenz mehr erfolgen. Daraus lässt sich ableiten, dass die Lebensumstände des aktuellen Lebens durch Aktionen (mit)verursacht werden, die (inzwischen vergessen) in einem vorhergehenden Leben stattgefunden haben. Jesus hat sich somit den Lohn einer von negativem Karma freien Geburt »erarbeitet«. Damit geht einher, dass zu keiner Zeit die Sicht auf seine Seele getrübt war und stets die Wogen Gottes durch seine Taten sichtbar wurden.

Bei dieser Erklärung handelt es sich um keine unzulässige Vermischung religiöser Inhalte, weil in diesem Zusammenhang eine Lücke in der westlichen Betrachtung existiert, die auf einer erklärenden Ebene geschlossen werden darf. Ähnliches gilt für die mehrschichtige Bedeutung der Kreuzigung. Die volle Kraft dieses Symbols entfaltet sich erst, wenn das Wissen über die inneren Ebenen hinzugenommen wird, das in einem komplexen Gefüge über den (auch im Paradies befindlichen) Lebensbaum vermittelbar ist. Der bildet als Bestandteil der Kabbala das Fundament der westlichen Magie und damit der den westlichen Religionen assoziierten spirituellen Übungen. Die Mitte des Kreuzes symbolisiert in diesem Zusammenhang das Herzzentrum (das vierte Chakra), das die triebhaften und emotionsgelenkten mit den göttlichen Bestandteilen in Harmonie vereint, um so den Mensch zum Menschen werden zu lassen. Damit zeigt das Kreuz den Gläubigen auf, wie der Mensch sich bereits vor der vollständigen Transformation seines Geistes über Mitgefühl und selbstlose Liebe seiner Seele nähern kann und kein weiteres negatives Karma anhäuft.

Rein praktisch bedeutet das in jeder Situation die Aufforderung zur Kreuzigung des eigenen Egos; eines Egos, das durch den ungeschulten Geist verursacht wird, der in Illusionen verhaftet bleibt, aufgrund mangelnder Selbstachtung aus der Einheit herausfällt und Handlungsweisen zeigt, die frei von selbstloser Liebe und Mitgefühl sind. So gesehen versinnbildlicht die Mitte des Kreuzes das eigene Niveau der Transformation, das in einer konkreten Situation unverändert bleiben, angehoben werden oder sinken kann. Besonders am Anfang der eigenen Bemühungen werden diese drei Optionen, je nach Schwierigkeit der Umstände, abwechselnd auftreten. Das liegt vor allem daran, dass Gedanken, die nicht den Impulsen der Seele entsprechen, zu Emotionen führen, deren Kraft das Verhalten in eine Richtung lenkt, die auf Trennung respektive Zerstörung ausgerichtet ist. Ursächlich ist der Verlust der biologischen Führung durch die Entstehung des für den Menschen im Alltag typischen, auf Gedankentätigkeit basierenden Bewusstseins, das zum Auftreten von Ängsten führt. Diese Ängste bilden den primären emotionalen Bereich, der die Sicht auf die Seele verstellt. Andere Gefühle und Emotionen können als sekundäre Empfindungen verstanden werden, die diese Schicht der Ängste (auch aus

Selbstschutz) überlagern. Es gibt folglich zwei Gründe, warum Religion im Sinne von »religare« weder als eine theoretische noch als eine statische Angelegenheit betrachtet werden darf. Die Transformation des Geistes benötigt Zeit und diese Veränderung muss in konkreten Situationen immer wieder im Laufe eines Lebens behauptet werden. In beiden Fällen verlangt das praktisches, sich mit der Zeit entwickelndes Handeln.

Komplexer wird die Betrachtung dadurch, dass nicht nur Einzelpersonen diesen Prinzipien ausgesetzt sind. Gleiches gilt neben der Familie für Gruppen wie Ethnien, Religionsgemeinschaften, Nationen oder die gesamte Menschheit. Individuen bilden Teile von Gruppen, die in ihrem subjektiven Holon ein in der Regel über Mentalitätsunterschiede wahrgenommenes Gruppenbewusstsein aufweisen, das mehr oder weniger auf die Ebene der Verbundenheit ausgerichtet sein kann oder sollte. Gleichzeitig unterliegen Gruppen auch den Regeln des Karmas. Umso größer ist die Verantwortung von Gruppenführern, weil sie nicht nur für sich selbst die Entwicklung und das Schicksal festlegen. Schicksal bedeutet in diesem Zusammenhang, durch eine Aktion eine Reaktion auf den inneren Ebenen auszulösen, die im Laufe auch großer Zeiträume auf die gesamte Gruppe zurückfällt. Wird die Art der Aktion nicht irgendwann verändert, folgt bspw. auf einen Krieg ein weiterer Krieg oder Gewalt in einer anderen Form. Weil derlei Handlungsweisen immer eine Folge mangelnder Selbstachtung darstellen, muss jede Führung das übergeordnete Ziel verfolgen, den Gruppenmitgliedern Selbstachtung zu ermöglichen. Das wiederum läge in der originären Verantwortung der kirchlichen Institutionen, lässt sich aber sicherlich nicht erreichen, indem andere in irgendeiner Form als weniger Wert betrachtet werden. Die damit einhergehende Einschränkung von selbstloser Liebe und Mitgefühl impliziert unmittelbar einen Mangel an eigener Selbstachtung und verfehlt damit das im Begriff »Religion« angelegte Ziel des Rückschauens auf die Seele.

Vergangene Taten legen sowohl auf der individuellen als auch auf der kollektiven Ebene die Basis für Situationen im aktuellen Leben bzw. in der aktuellen Epoche. Dieses Wissen wäre dazu geeignet, Fehler zu vermeiden. Das gelingt umso besser, je umfassender der Geist transformiert und die Seele wieder geschaut wird. Es vergeht jedoch viel und für jeden unterschiedlich viel Zeit, bis die Einzelnen und von ihnen ausgehend Gruppen in der Lage sind, diese objektive Wahrheit zu erkennen und danach zu handeln.

27 Anders als vielleicht angenommen

Die ungnädigste Kritik zu diesem Buch dürfte wie folgt lauten: »Der Autor vermischt wild Bestandteile verschiedener Religionen miteinander. Dieses zusammengewürfelte Bild soll dann die Wirklichkeit wiedergeben. Doch für keine der Behauptungen wird ein irgendwie gearteter Beweis angeführt.« Dem ist entgegenzuhalten, dass dieses Buch überflüssig wäre, wenn es einen einfachen, leicht zugänglichen Beweis gäbe. Außerdem dürfen zur Verdeutlichung von Aspekten, die den Kern des Religiösen betreffen, unterschiedliche Beschreibungen herangezogen werden, weil dieser Kern unveränderlich und damit universal ist.

Tatsächlich wird in diesem Buch durch spirituelle Übungen erfahrenes Wissen vermittelt, das viele Menschen für Spinnerei halten. Hierfür sind verschiedene Ursachen zu nennen. Zuallererst liegt es daran, dass zahlreiche Halbwahrheiten kursieren. Das hat wiederum zwei wesentliche Gründe. Zum einen wird vieles ohne das notwendige Verständnis verbreitet, das der Quelle einer Aussage gegeben war. Dadurch reduziert oder verändert sich teilweise auch nur unabsichtlich ein Inhalt, bis er bedeutungslos oder doch einer ernsthaften Bedeutung enthoben wird. Zum anderen sind die Beschreibungen der subtilen Seite des Seins von der Ausrichtung des Bewusstseins abhängig. Weil aber selbst ein stark erweitertes Bewusstsein nicht unbedingt alle Facetten des Seins erfasst, ergeben sich bspw. Differenzen in Darstellungen energetischer Phänomene, die letztlich nur Beschreibungen aus verschiedenen Blickwinkeln darstellen. Das ist beim Zeichnen eines Baumes aus unterschiedlichen Perspektiven nicht anders. Insofern ist es sehr schwierig festzustellen, ob eine Erklärung zu den inneren Ebenen verlässlich ist. Das kann letztlich nur über die aus der eigenen, langjährigen Übung hervorgegangenen Erfahrungen beurteilt werden.

Dass in den meisten Fällen selbst für verlässliches Wissen kein naturwissenschaftlicher Beleg gefunden wird, liegt weniger daran, dass es falsch wäre. Die zur Methodenentwicklung notwendige Erkenntnisgewinnung könnte ebenfalls nur über eine eigene, langjährige Praxis erfolgen, die die Möglichkeiten im Wissenschaftsbetrieb in der Regel sprengt. Es fehlt aber nicht nur an geeigneten Untersuchungsmethoden, sondern auch an Geldern für entsprechend ausgestaltete Studien. Letzteres ist vor allem dem mangelnden Interesse geschuldet. Leider geht die nicht selten berechtigte Skepsis gegenüber Schilderungen über die subtilen Seiten, solange die zugrunde liegende Quelle in ihrer Wahrhaftigkeit nicht eingeschätzt werden kann, mit einer kategorischen Negation der Möglichkeit zu einem erweiterten Wissen aufgrund einer ernsthaften spirituellen Praxis einher. Für den insbesondere auf das Materielle fixierten Beobachter sind eine Veränderung der Funktionsweise des Geistes und eine Anhebung des Bewusstseins (gerade aufgrund der Fixierung desselben) nicht vorstellbar. Dennoch kann das Bewusstsein bspw. so ausgerichtet werden, dass die Schwingung der eigenen Körperzellen wahrgenommen wird. Das aufgrund der »normalen« Wahrnehmung eines festen Körpers anzuzweifeln, übersieht die Dynamik in und zwischen den Zellen sowie den Aufbau der Atome, deren Elektronen um den Atomkern kreisen. Dieses Beispiel zeigt, dass weitergehende naturwissenschaftliche Erkenntnisse Aussagen erklärbar machen, die bis dahin vielleicht als Einbildung abgetan wurden. Man fühlt sich an den ungläubigen Thomas erinnert, der zunächst Jesu Wunden an seinen Händen sehen musste, um an dessen Auferstehung zu glauben.

Die Möglichkeit, eine Veränderung der eigenen Gedankenentwicklung als gegeben zu betrachten, erfordert Selbstachtung und in gewisser Weise auch Mut. Es setzt die Bereitschaft voraus, die vom ungeschulten Geist vorgegaukelten Annahmen – insbesondere auch zur eigenen Person – als Illusionen zu entlarven. Während sich der Mensch jedoch über das abstrakte Denken einen besonderen Wert beimisst (Warum sonst hat der Akademiker gegenüber dem Handwerker einen Statusvorteil?), soll er sich eingestehen, der Knecht eines Geistes zu sein, der (bei aller möglichen Brillanz in einzelnen Bereichen in vielen anderen) unzulänglich funktioniert. Am schwersten wiegt in diesem Zusammenhang, ab diesem Moment nicht mehr für sich reklamieren zu können, so auf die Welt gekommen zu sein und dass es sozusagen vom Zufall abhänge, welche Facetten der dem Menschen möglichen Verhaltensweisen in den eigenen Handlungen zum Tragen kommen. Die Unschärfe dieses Zusammenhangs wird dadurch verursacht, dass jeder Mensch Facetten aufweist, die Handlungen auf der Ebene der Verbundenheit nach sich ziehen. Selbst ein Auftragsmörder kann sich für misshandelte Kinder einsetzen. Daher liegt die Betonung bei der Betrachtung auf der Verbesserung und dem Ziel, seine wahrhaft menschlichen Potenziale vollständig auszuschöpfen. Menschen, die sich für die Rechte anderer einsetzen, aber den sogenannten »Klassenfeind« respektlos behandeln, bedrohen oder gar töten, zeigen sehr deutlich, wie stark ein eingeschränktes menschliches Potenzial die eigenen Bemühungen ad absurdum führen kann.

Die Tendenz, in Verkennung einer Seele die eigene Unzulänglichkeit als naturgegeben zu unterstellen, wird durch die Art und Weise begünstigt, wie der Mensch aus dem aktuellen Blickwinkel verschiedener Berufsgruppen, die sich eingehender mit ihm befassen, betrachtet wird. Insofern müssen diese Blickwinkel im Kontext praktisch verstandener Religion diskutiert werden. Dabei beziehen sich die Ausführungen jedoch ausdrücklich nicht auf einzelne Personen. Das würde bedeuten, das Engagement vieler Menschen oder kluge Überlegungen nicht angemessen zu würdigen. Konsequent wurde deshalb auf Verweise verzichtet. Das soll sichtbar machen, dass nicht die konkrete Studie oder Meinung Ziel der Betrachtung oder gar einer Bewertung ist. Immer geht es darum, die generellen Zusammenhänge zu erläutern. Entsprechend sind die Formulierungen in diesem Buch meist sehr pauschal gehalten. Aber auch wenn Pauschalierungen den Vorteil bieten, einen Sachverhalt transparent darzustellen, darf beim Lesen nicht übersehen werden, dass es bspw. *die* Psychologie nicht gibt. Vielmehr handelt es sich um ein Konglomerat aus Theorien und abgeleiteten Therapiewerkzeugen, die in vielen Fällen sehr hilfreich zum Einsatz kommen. Schwierig wird es jedoch, wenn Therapeuten verschiedenster Fachrichtungen die Grenzen ihres eigenen Systems auf andere Optionen übertragen, für deren Beurteilung ihnen Kompetenz und Erfahrung fehlen. Eine methodenspezifische Unmöglichkeit zur Heilung bzw. Besserbehandlung wird infolgedessen zu Unrecht als eine generelle kommuniziert. Ebenso problematisch ist es, wenn Annahmen als Tatsachen vermittelt werden, die den Unkundigen zu Verhaltensweisen ermuntern, deren Folgen auf lange Sicht nicht abgeschätzt werden können.

An den langfristigen Folgen ihres Wirkens hat die Institution Kirche inzwischen reichlich zu tragen. Dennoch gilt auch für deren Angestellte, dass es viele Ordensleute oder Priester gibt, die sich nach bestem Können und von Nächstenliebe getragen für ihre Mitmenschen einsetzen. Leider besteht immer noch die Tendenz, Verantwortung bspw. für das Fehlverhalten von Priestern abzuwälzen. In einem Artikel hat ein ehemaliger Papst erst kürzlich die sexuellen Entgleisungen dem Verlust der moraltheologischen Werte sowie dem Zeitgeist der sechziger und siebziger Jahre des letzten Jahrhunderts zugeschrieben. Das übersieht zum einen die sexuellen Verfehlungen, die sich durch viele Jahrhunderte ziehen. Zum anderen leugnet es den Umstand, dass während der kirchlichen Ausbildung keine wirksame spirituelle Praktik vermittelt wird, die den jungen Männern ermöglicht, sich von ihrem Sexualtrieb zu lösen und das Göttliche in sich zu vollenden. Die Analyse verschleiert folglich mehr den Missstand, als einen Impuls zur Verbesserung zu setzen. Daher kommt der Erklärung der Charakter einer politisch motivierten Verlautbarung zu, deren eigentliches Ziel zu hinterfragen wäre.

Anders als die pauschale Darstellung im vorliegenden Text suggerieren könnte, ist längst nicht jeder Politiker von Eigen- bzw. Lobbyinteressen getrieben. Schwierig wird es aber auch in diesem Bereich, wenn die Lösungssuche einseitig betrieben wird und sogar Denkverbote erfolgen. Die in verschiedenen Kapiteln angerissenen Möglichkeiten wurden längst nicht erschöpfend diskutiert, um den roten Faden weiterführen zu können, ohne vom Hauptweg fortzuleiten. Die Skizzen zu einzelnen Themen sind selbstverständlich nicht alternativlos. Doch verlangt die zunehmende Komplexität, Dringlichkeit und Sprengkraft heutiger Problemstellungen nach gänzlich neuen Ansätzen, die ein harmonisches Miteinander nur garantieren werden, wenn diese Lösungen auf der Ebene des Mitgefühls ihren Ausgangspunkt finden. Vor allem bedarf es Lösungen, die langfristig ausgerichtet sind. Ergriffen werden jedoch besonders in der Politik selbst bei strukturellen Problemen lediglich kurzfristige Maßnahmen. Während immer nur der Deckel des Kochtopfs leicht angehoben wird, um ein Überkochen zu verhindern, müsste längst der Herd heruntergestellt werden. Wiederholt hat sich das Handeln nach vermeintlichen Wahrheiten (d.h. ein Anheben des Topfdeckels) als Irrtum herausgestellt. Der Kommunismus scheiterte an den Menschen, die in diesem System Macht hatten. Das gleiche gilt jedoch für den Kapitalismus mit seinem Ruf nach freien Märkten, wie bspw. die Finanzkrise eindrücklich vor Augen geführt hat. Systeme sind immer nur so gut wie die Menschen, die gestaltend in ihnen tätig sind. Folgerichtig könnte daher eine ernsthafte religiöse Praxis dem Gemeinwohl dienen.

Wird in diesem Buch damit sehr viel versprochen? Ja und nein. Genau genommen wird nichts versprochen. Es wird lediglich eine Kausalität aufgezeigt. Bei denjenigen, die systematisch einer spirituellen Übung nachgehen, stellt sich in Abhängigkeit ihrer Bemühungen eine Veränderung in der Funktionsweise des Geistes und darauf aufbauend ein angehobenes Bewusstsein ein. Das bringt unmittelbar Vorteile für den Einzelnen mit sich, weil sein menschliches Potenzial besser ausgeschöpft wird und das Menschlichsein überhaupt dauerhaft zur Entfaltung kommt. Über den Einzelnen diffundiert diese Veränderung in die Sozialgemeinschaften, so dass Mitgefühl und selbstlose Liebe zur tragfähigen Grundlage des Zusammenlebens werden. Die sich daraus ergebenden Vorteile kommen wiederum auch dem Einzelnen zugute.

Es sei betont, dass der Inhalt dieses Buches keinerlei Wertung über das Handeln irgendeines Menschen impliziert. Ob sich jemand aus den Klauen seines ungeschulten Geistes befreien möchte, indem er diesen schult und in seiner Funktionsweise verbessert, bleibt jedem im Rahmen der allgemein geltenden (kodifizierten) Regeln selbst überlassen. Doch für diejenigen, denen an einer personalen Verbesserung gelegen ist, soll das Buch verständlich aufzeigen, welche Grundzusammenhänge dabei beachtet werden sollten. Es wäre falsch, ein solches Ziel als idealistische Utopie zu verwerfen, bevor auch nur der erste Schritt in dieser Richtung unternommen wurde. Das Ziel ist nur deshalb so schwer vorstellbar, weil sich der Mensch seit der Aufklärung zunehmend in einer (in gewisser Weise auch temporär notwendigen) individualistischen Illusion verfangen hat, die ihrerseits das Bewusstsein auf einer niederen Schwingungsebene mit all seinen Folgen ausrichtet. Viele Menschen nehmen nicht an, tausend Meter in weniger als drei Minuten laufen zu können, sehen aber an anderen, dass das durchaus erreichbar ist. Der Geist (respektive das Bewusstsein) ist letztlich nichts anderes als ein Muskel, der sich trainieren lässt. Wer folglich offen bleibt, kann zwei wesentliche Fragen kaum verneinen: (1) Kann es Menschen geben, die über Erfahrungen und Wissen verfügen, das den allgemein akzeptierten Wissenskanon weit überschreitet? (2) Kann ich das ebenfalls (bis zu einem bestimmten Grad) erreichen?

28 Was ist Religion?

Religiöse Texte äußern sich mehr oder weniger eindeutig zu Aspekten des Seins, die die subtile Seite der Holone betreffen. Zunächst wurden sie meist nur mündlich von Menschen vermittelt, die aufgrund besonderer Umstände in der Lage waren, diese subtilen Anteile der Existenz für das menschliche Verständnis zumindest in ihren Grundzügen zu beschreiben. Darüber hinaus formulierten spätere Texte Folgerungen, die sich aus einem derartigen Wissen für ein menschliches Handeln ergeben. Aufgrund der fehlenden physischen Greifbarkeit dieser Inhalte, die erst durch eigene Erfahrungen vollständig erfasst werden können, war es zu allen Zeiten notwendig, den Menschen die Aussagen verständlich zu erläutern und für den Alltag wegweisend nahe zu bringen. Diese Aufgabe kam den kirchlichen Institutionen zu. In diesen Institutionen waren jedoch auch nur Menschen tätig, die zu späteren Zeiten mangels eigener Erfahrungen nur aufgrund ihrer Schriftkenntnis entscheiden sollten, wie einzelne Aussagen in den Überlieferungen zu verstehen sind. Besonders in Zeiten, in denen lediglich religiöse Schriftgelehrte den Menschen Antworten auf für sie unerklärliche Phänomene (bspw. Naturkatastrophen) geben konnten, ergab sich ein Potenzial zur Machtausübung. Über einen angeblich strafenden Gott als Ursache für äußere Umstände waren kirchliche Institutionen in der Lage, ängstliche oder gutwillige Menschen in eine bestimmte Richtung zu lenken.

Insofern war und wird Religion als ein Instrument der Macht missbraucht.

Um diese Machtstellung aufzulösen, bedarf es eines fundierten Wissens. Das hat letztlich das mit der Aufklärung einsetzende naturwissenschaftliche Verständnis der physischen Seite der Existenz gezeigt. Im Laufe der Zeit haben immer mehr Menschen begriffen, dass kirchliche Aussagen zur Natur falsch waren und somit die Zuschreibung der alleinigen Deutungshoheit zugunsten kirchlicher Institutionen verfehlt ist. Aufgabe spiritueller Angebote oder kirchlicher Institutionen sollte es aber auch nicht sein, den Menschen erklären zu wollen, ob die Sonne um die Erde kreist oder eben doch umgekehrt. Das kann die moderne Wissenschaft erwiesenermaßen zuverlässiger. Daraus jedoch den Schluss zu ziehen, dass auch die religiösen Darstellungen der subtilen Seite unzutreffend seien, ist letztlich selbst aus wissenschaftlicher Perspektive fragwürdig. Erstens trifft eine naturwissenschaftliche Erklärung der physischen Seite noch keine Aussage darüber, ob und wie Entwicklungen die Folge von Veränderungen auf den inneren Ebenen sind. Zweitens fehlen weiterhin naturwissenschaftlich-technische Möglichkeiten, um Beschreibungen der subtilen Seite zu überprüfen. Die zunächst unglaublich erscheinenden Vorstellungen bspw. von Engeln wirken bereits deutlich weniger skurril, wenn man von einer rein physisch orientierten Vorstellung abrückt. Es gilt sich zu vergegenwärtigen, dass die Ausstattung einzelner Engel mit Farben und Gegenständen Qualitäten von Energie – letztlich Bewusstseinsanteile – bedeuten. Damit wird klarer, dass in einem religiösen System neben den Handlungsanweisungen immer auch Beschreibungen des Seins hinterlassen wurden, in das die menschliche Existenz eingebettet ist und das den Ursprung seines physischen Daseins bildet.

Folglich ist es die originäre Aufgabe der religiösen Institutionen, dieses Wissen zu vermitteln, um für den werdenden Menschen den Kontext darzulegen, aus dem sein Dasein entspringt und der ihn trägt, sobald er seine ganze Größe erkennt. Der Mensch ist wie der einzelne Wassertropfen eines Ozeans, der unruhig auf der Oberfläche vom Wind hin- und hergetrieben wird, teilweise seiner Zugehörigkeit im Sturm in der Gischt entrissen. Dennoch verfügt er jederzeit über die Möglichkeit, sich mit der unvorstellbaren Kraft des Ozeans zu vereinen. Hierzu sind jedoch weniger Ver- und Gebote notwendig, die in der Hauptsache von den Institutionen kommuniziert werden. Durch Drohungen und respektlose Bewertungen sowie Verurteilungen wird keine dauerhafte Veränderung in der Funktionsweise des Geistes erreicht. Im Gegenteil, Angst und ein schlechtes Gewissen sind nicht dazu geeignet, den Geist dauerhaft zu verändern und das Bewusstsein anzuheben. Erst eine wahrhaft *freie* Entscheidung eines Menschen *für* eine Handlungsweise ist das Ergebnis eines transformierten Geistes. Nur dann stammt der Impuls aus der Seele und ist damit von Authentizität geprägt.

Der Kernpunkt jeder Religion ist somit eine spirituelle Praxis, die zum Ziel hat, die eigene Seele wieder zu schauen.

Durch die Klärung des Geistes wird es möglich, den Impulsen der Seele in reiner Form gewahr zu werden. Damit geht auch eine Veränderung von Emotionen und Wünschen einher. In der Folge bewegt sich der Mensch auf der Ebene der Verbundenheit in Einklang mit Gott, so dass seine Handlungen von Mitgefühl und selbstloser Liebe geprägt sind. Bei ausreichender spiritueller Übung wird zudem deutlich, dass der innere Leitfaden für ein menschliches Verhalten in jedem selbst vorhanden ist. Wer Ideale hingegen als überbewertet betrachtet, negiert den innersten Wesenskern seiner Existenz. Die Genese menschlicher Werte ist somit ursprünglich keine Folge intellektueller Anstrengungen, sondern der klaren Wahrnehmung des von der Seele ausgesandten Impulses im Geist. Auch wenn im Wege der Reflexion soziale Werte formuliert werden können, bleibt deren Einhaltung ein zähes Ringen, solange der Geist ungeschult ein Eigenleben führt. Diesen Werten zu folgen, erscheint in die Laune des Einzelnen gestellt, der glaubt, sich nach Belieben dafür entscheiden zu können, aber hauptsächlich seinen egoistischen Zielen folgt.

Die kirchlichen Institutionen müssen sich zunächst kritisch hinterfragen, indem sie ihre Regeln auf die Vereinbarkeit mit selbstloser Liebe und Mitgefühl überprüfen und ggfs. neu ausrichten bzw. transparent begründen. Eine Berufung auf ein Geheimnis ist weder einleuchtend noch der Sache dienlich. Dass es anders geht, zeigen die sehr ausführlichen Darlegungen in östlichen Systemen. Aufgabe der verschiedenen Institutionen ist es doch, den Einzelnen zu einem spirituellen Weg hinzuführen und ihn auf diesem zu unterstützen. Sicherlich gibt es Menschen, denen die allgemeine religiöse Laienpraxis von Gebet und Gottesdienst genügt, um die formulierten sozial relevanten Regeln zu befolgen. Diese Menschen werden als fromm bezeichnet, weil sie ein gottgefälliges Leben führen. Doch es muss im Besonderen darum gehen, selbst denjenigen Menschen einen Blick auf ihre Seele zu ermöglichen, die am weitesten davon entfernt sind. Die alltäglichen Regeln für Laien genügen allerdings nicht, um die hierfür notwendige Selbstachtung wieder herzustellen.

Das erforderliche Geistestraining ist dabei keineswegs als Gehirnwäsche zu qualifizieren, die darauf abzielt, einen Menschen zu brechen und ihn über eine Manipulation zu Handlungen zu bewegen, die frei von selbstloser Liebe und Mitgefühl sind. Eine Gehirnwäsche hat letztlich zum Ziel, den Menschen von seinem unendlichen Seinskern zu entfremden. Das Ziel des Religiösen, ganz allgemein jeder ernsthaft spirituellen Bemühung, liegt hingegen mit Yogi Bhajans Worten in seinem Geburtsrecht, glücklich, gesund und heilig zu sein. Der Weg dorthin liegt in einer komplexen spirituellen Praxis, innerhalb derer das Geistestraining eine entscheidende Komponente bildet. Daher kann dieses Geburtsrecht wie ein Gutschein betrachtet werden, der eingelöst werden muss, bevor seine Vorteile für den Inhaber nutzbar werden.

Die Aufgabe des Einzelnen liegt somit darin, sich aus den angebotenen religiösen Inhalten sowie spirituellen Praktiken die zu ihm passenden auszuwählen, um sein menschliches Potenzial ausschöpfen zu können. Wann und in welcher Weise sich jemand dafür entscheidet, hängt von seinem Bewusstsein ab und muss ihm selbst überlassen bleiben. Aber mit jeder auch noch so kleinen Verbesserung verändert der Mensch die von ihm geschaffene Welt, in der er lebt. Je mehr Menschen und je intensiver die Einzelnen das positiv verstehen, desto lebens- und liebenswerter wird unsere Welt. Es ist kein strafender Gott, der Krankheit, Streit, Mord oder Krieg herbeiführt. Es ist immer der Mensch, der versäumt hat, seinen Geist auf das Niveau der Seele anzuheben. Damit schneidet er sich selbst von dem göttlichen Urgrund ab, dessen energetische Qualität ihm ein Leben in Harmonie ermöglichen würde. Hier wird nochmals deutlich, dass Religion den Boden für ein fried- und freudvolles Zusammenleben in Gemeinschaften bereitet.

Religion ist folglich kein Machtinstrument, auch wenn sie bis in die heutige Zeit zu Machtzwecken missbraucht wird. Religion dient vielmehr dem Einzelnen, seine wahrhafte Identität zu erkennen und sein Potenzial voll auszuschöpfen. Das bedeutet nichts anderes, als Mensch zu werden und sich irgendwann zu heiligen.

Sei!

Ach, es lässt mich denken:
Er würde schweigen.
Doch es ist der Reigen –
so fürchterlich laut –
der Gedanken, zu vertraut.

Ach, es lässt mich fühlen:
Er wäre gegangen.
Doch es ist das Bangen –
gänzlich aus dem Lot,
die Gefühle werden zur Not.

Ach, warum diese Zweifel –
wer ist nicht verletzt?
Über Raum und Zeit vernetzt.
Von alten Fäden gezogen,
die Liebe schnell verflogen.

Frei: der eigene Wille –
den letzten Faden durchtrennt –
vollständig erkennt:
Ihn: Liebe und Wort,
jederzeit an jedem Ort.

Was dem Autor wichtig ist

An dieser Stelle erwarten Sie, geschätzte Leserin bzw. geschätzter Leser, nähere Informationen zur Vita des Autors. Zum einen entspringt dieser Wunsch einem möglichen Interesse an der Person. Zum anderen wird damit versucht, die Kompetenz des Autors einzuschätzen. Diese Form der Attribuierung von Qualität geht in vielen Fällen in die Irre, weil sie eine Vielzahl von auch sachfremden Einflussfaktoren unberücksichtigt lässt, die auf das Ergebnis eingewirkt haben können. Dennoch mag es vielleicht doch von Nutzen sein, die Art meines Vorgehens sowie die hierdurch ermöglichte Entwicklung nachvollziehen zu können.

Vorweg möchte ich Ihnen die drei Gründe nennen, die für die Entstehung dieses Buches verantwortlich sind. Erstens mein Unmut über die alljährlich meist zu Ostern und Weihnachten wiederkehrende mediale Diskreditierung von Religion, ohne zu berücksichtigen, was Religion *praktisch* bedeutet. Zweitens möchte ich (vereinfacht, aber nachvollziehbar) aufzeigen, wie Seele und Geist zusammenhängen. Hier liegt der Schlüssel für diejenigen, die ihr menschliches Potenzial ausschöpfen möchten – mit all seinen positiven Konsequenzen für sie selbst und ihre sozialen Beziehungen. Drittens hoffe ich, dem einen oder anderen über einen kleinen motivatorischen Anstoß dabei zu helfen, seine Bemühungen zu beginnen oder ernsthafter zu gestalten.

Angesichts der dargelegten Zusammenhänge sowie der dünnen Forschungslage in diesem Bereich wurde meine Erkenntnisgewinnung von Anfang an stark von einer praktischen Ausrichtung bestimmt. Während eines Jurastudiums haben sich meine beruflichen Prämissen aufgrund meiner Karate-Übungen deutlich verändert. Die Beschäftigung mit Techniken, die letztlich zum Töten gedacht sind, legte mir nahe, mich auch mit der gegensätzlichen Polarität, dem Leben, zu befassen. Als Heilpraktiker habe ich mich daraufhin intensiv mit dem Thema Gesundheit befasst. Unter anderem machte ich in dieser Hinsicht als Reiki-Practitioner erste Erfahrungen mit fühlbar energetischen Phänomenen.

Die Suche nach Information abseits eingefahrener Wissensvermittlung ließ mich Quellen und Wege finden, denen ich offen begegnet bin. Daneben dehnte ich meine Studien auf akzeptierte Bereiche aus, um keine vorschnellen Urteile zu fällen. Berufsbegleitend habe ich drei Semester Psychologie belegt, um einen Einblick in deren Grundlagen zu erhalten. Auch wenn ich im Text wiederholt Kritik geäußert habe, findet sich insbesondere in der Strömung der »Positiven Psychologie«, nicht zu verwechseln mit dem »Positiven Denken«, eine Fokussierung auf den Kern des Menschlichen. Selbst in einem Studium der Wirtschaftswissenschaften bin ich erneut »Mitgefühl« begegnet und beschäftigte mich in meiner Masterarbeit eingehend mit mitfühlender organisationaler Praxis. Hierbei zeigte sich unter anderem, dass Mitgefühl selbst in der Entscheidungsfindung von Organisationen eine wichtige

Rolle spielen kann. In komplexen Situationen beschleunigt es bspw. den Entscheidungsprozess über eine Komplexitätsreduktion. Zahlreiche wirtschaftswissenschaftliche Forschungen zu aktivem Mitgefühl widerlegen inzwischen die Annahme, dass hierdurch der Erfolg eines Unternehmens geschmälert werden müsste. So hatte sich der Bogen für mich geschlossen. Die als esoterische Ausrichtung abgetanen Bemühungen, die Ebene der Verbundenheit zu erreichen, um aus Mitgefühl und in selbstloser Liebe zu handeln, rufen (naturgemäß) in allen sozialen Kontexten positive Wirkungen hervor – und zwar auch dort, wo man es bei vorschneller Betrachtung nicht erwarten würde.

Bei weiteren Recherchen hinsichtlich der Klärung und Beeinflussbarkeit des Geistes stieß ich schließlich auf das Kundalini-Yoga nach Yogi Bhajan. Aufgrund der detaillierten Beschreibung der Wirkungen wurde mein Interesse zu einer Überprüfung geweckt, obwohl ich vor Jahren noch der Ansicht war, Yoga sei kaum herausfordernd. Schnell stellte sich dabei jedoch heraus, (1) dass dem keinesfalls so ist, (2) Yogi Bhajans Angaben zutreffen und (3) hierin der letzte Schlüssel lag, nach dem ich seit einiger Zeit gesucht hatte.

Fremdes Wissen stellt zunächst nur Information dar. Wichtig ist vor allem eine Information, die eine herrschende Meinung infrage stellt, weil sie auf einen Fehler hinweisen kann. Ich habe mehr als drei Jahrzehnte benötigt, um Informationen zu prüfen und ggfs. praktisch umzusetzen. Erst durch deren Anwendung, d.h. durch eigene Erfahrung, reift eine Information schließlich zu eigenem Wissen. Es bedarf der Praxis, um aus dem Bereich des »Für-möglich-Haltens« herauszuwachsen. Hilfreich dabei ist das Wissen anderer, weit fortgeschrittener Menschen, um einen Anhaltspunkt für das eigene Vorgehen zu erhalten. Deshalb bin ich Yogi Bhajan zutiefst dankbar, sein Yoga-System im Westen öffentlich verbreitet und allgemein zugänglich gemacht zu haben. Ansonsten wäre das vorliegende Buch in dieser Form zumindest zu diesem Zeitpunkt nicht möglich geworden. Insofern gilt mein besonderer Dank auch meiner Frau, die mich stets liebevoll begleitet, inspiriert, aber auch schonungslos kritisiert. Keinesfalls vergessen möchte ich all diejenigen, die mir, oft ohne es selbst zu wissen, zu wertvollen Impulsen verholfen haben. Da ich unmöglich alle auflisten kann – geschweige denn jeden namentlich kenne –, aber niemanden übergehen möchte, formuliere ich meinen Dank an dieser Stelle der Gerechtigkeit halber in unpersönlicher Form.

Um meiner Dankbarkeit einen sichtbaren Ausdruck zu verleihen, werde ich 5% meiner Einnahmen aus den Verkäufen dieses Buches jeweils zum Jahresende für einen sozialen Zweck einsetzen.

Buchempfehlungen

Yogi Bhajan: The Aquarian Teacher
Das Ausbildungsbuch der Stufe I für Kundalini-Yoga nach Yogi Bhajan enthält neben ausführlichen Beschreibungen zu allen Aspekten, die den Menschen betreffen, eine breite Sammlung grundlegender Atem- sowie Körperübungen und Mantra-Meditationen.

Yogi Bhajan: Sadhana Handbuch
Eine übersichtliche Einführung zu Yoga, Bewusstsein und Kundalini-Yoga nach Yogi Bhajan.

Yogi Bhajan, Gurucharan Singh Khalsa: Der Verstand. Seine Projektionen und vielfachen Facetten
Eine komplexe Darstellung zum Verständnis des Geistes mit einer Vielzahl spezifischer Meditationsübungen.

T.K. Sribhashyam: Wie Yoga wirklich wurde
Übungen des Hatha-Yogas mit einer allgemeinen Einführung.

Taisen Deshimaru: Zen in den Kampfkünsten Japans
Über Zen, Kampfkünste und ihre Verbindung.

Karlfried Graf Dürkheim: Vom doppelten Ursprung des Menschen
Erfahrungen aus Japan in westlicher Sprache formuliert.

David Lorimer: Die Ethik der Nah-Todeserfahrungen
Diskussion von Implikationen aus den Berichten von Nahtoderlebenden.

Dion Fortune: Die kosmische Doktrin
Eine komplexe Erläuterung zur Entstehung des Kosmos.

Walter E. Butler: Die hohe Schule der Magie
Ein umfangreicher Einblick in die inneren Ebenen.

Lao-Tse: Tao te king
Über das Sein, das Leben und den Menschen.

Kalil Gibran: Der Prophet
Weise Texte zum Reflektieren.

Ravi Ravindra: Mystisches Christentum
Das Johannesevangelium im Licht östlicher Weisheit.

Renée Weber: Alles Leben ist eins. Die Begegnung von
Quantenphysik und Mystik
Interviews mit bekannten Wissenschaftlern und Mystikern.

Karin Knorr Cetina: Die Fabrikation von Erkenntnis. Zur
Anthroposophie der Naturwissenschaft
*Ein teilweise ernüchternder Einblick in die Rahmenbedingungen
wissenschaftlichen Arbeitens.*

HRH The Prince of Wales, Tony Jupiter and Ian Skelly:
Harmony. A new way of looking at the world
*Das Buch zeigt die Gründe auf, die für eine nachhaltigere Aus-
richtung menschlichen Handelns sprechen. Über einen alternativen Blick auf die Welt entsteht eine Blaupause, die den Weg für
eine bessere Zukunft öffnet.*

Filmempfehlungen

Der atmende Gott – Reise zum Ursprung des modernen Yoga
Der Beginn des modernen Hatha-Yogas.

City of McFarland – Sieger gibt es überall
Der Einsatz für abgeschriebene Jugendliche trägt Früchte. Basierend auf einer wahren Geschichte.

Blind side – Die große Chance
Nächstenliebe verändert ein Leben. Basierend auf einer wahren Geschichte.

Dance – Jeder Traum beginnt mit dem ersten Schritt
Gesellschaftstanz als Maßnahme zur Persönlichkeitsbildung. Basierend auf einer wahren Geschichte.

Mein Blind Date mit dem Leben
Der Wille führt zum Ziel. Basierend auf einer wahren Geschichte.

Jesus liebt mich
Humorvolle Komödie über die letzten Tage bis zur Apokalypse.

Der Bauer und sein Prinz
Ein prominentes Beispiel für die Umstellung auf ökologische Landwirtschaft.

We feed the world – Essen global
Zeigt eindrücklich, wie sich mangelnder Respekt gegenüber Tier und Umwelt auswirkt.

More than honey
Ignoranz gefährdet Leben.

Das System Milch – Die Wahrheit über die Milchindustrie
Kommerzielle Interessen und ihre Folgen.